Dialoguɇ
Dɇ l'Ortografɇ e Prononciation Fran-
çoɇſɇ, departì an deus liurɇs par
Iacquɇs Pɇlɇtier du Mans.

MOᴚNS E MEILHEVR.

A Poitiers,
Par Ian e Enguilbert dɇ Marnef,
a l'anſeignɇ du Pelican.

Auec priuilegɇ du Roꞷ.

1550

PAR Priuilege du Roy, donné a Ian & Enguilbert de
Marnef freres, eſt permis d'imprimer & vendre le
preſent liure intitulé Dialogue de l'Ortografe &
Prononciation Francoiſe, departi en deux liures par
Iacques Peletier du Mans: & defenſes a tous autres
de non en vendre ne Imprimer autres que ceulx Im-
primez par leſdictz de Marnef, iuſques au temps de
cinq ans, a compter du temps qu'ilz ſeront parache-
uez d'imprimer: ſoubz les peines contenues par les
lettres ſur ce faictes, donnees a Eſcoan le ſeptieſme
de Mars 1547. Par le Roy, Maiſtre Francoys de
Connan, maiſtre des Requeſtes de l'hoſtel preſent:
ſignees Coeſter, ſeelees du grand ſeel ſur ſimple
queuë.

A treſilluſtrę Princeſſę, Ianę dę Na-
uarrę, Ducheſſę dę Vandóſmę.

Madamę, lę grand dęſir quę j'auoę' dę deſ-
ſeruir (a toutę ma poſſibilite) la gracę
ſouuęreinę dę feuę la Reinę votrę tredę-
bonnerę e trerę grettę merę, m'auoèt induìt a lui vouloèr dedier vn mien Dialoguę dę l'Ortografę e Prononciation Françoęſę. Męs j'è etè priuè du bien, lęquel
j'etoę' tout pręt arę cęuoèr : c'ęt dę cę bon
e auantageus rakkeulh qu'ęllę ſouloèt fęrę a toutęs pęrſonnęs qui auoęt lę keur a
bönęs choſęs, e ſingulierę mant aus lęttręs.
Toutęſſoęs Madamę, ję m'eſtimęrè auoèr
ręcouurè, an cet androęt, l'unę dę mes plus
grans pęrtęs, ſil vous plęt, dę votrę beni-
nę gracę, qui auèz ſuccedè par droęt le-
gitimę aus hautęs e admirablęs vęrtuz,
cömę aus biens e dons dę fortunę, qu'ęllę
auoèt, vous porter ancoręs heritierę dę cę
pętit liurę, qui lui etoęt acquis par mon
treſhumblę e treſaffeçtionne veu. L'hono-
rablę memoęrę quę j'è dę ſes grandęs bon-

ij

tez cõtinueȩs an vous, Madamȩ, mȩ don-
nȩ persuasion, quȩ lȩ presant vous sȩra
aggreablȩ commȩ il lui út etè, auȩcquȩs
toutȩs ses chargȩs. C'ȩt quȩ souz votrȩ
nom il sȩ puissȩ randrȩ rȩcommandablȩ a
ceus dȩ notrȩ tans: e ancorȩs a ceus qui
viendront aprȩs, pour lequéz principalȩ-
mant j'è ecrit: affin quȩ quand notrȩ Languȩ nȩ sȩra plus natiuȩ, ou qu'ȩllȩ aura
pris vn changȩmant notablȩ (car les pa-
rollȩs n'ont viȩ quȩ par l'Ecritturȩ) iz
puissȩt voèr cõmȩ an vn miroȩr lȩ protrȩt
du Françoȩs dȩ cȩtui notrȩ sieclȩ, au plus
prȩs du naturȩl. E souz cetȩ assurancȩ,
Madamȩ, quȩ votrȩ trehautȩ excȩllancȩ
prandra mon labeur an gre, jȩ m'aßúrȩ
par mȩmȩ moyen dȩ la posterite, laquelȩ
n'an dȩmandȩra point autrȩ approbation
quȩ dȩ votrȩ tresillustrȩ nom, qui suiura e
accompagnȩra votrȩ viȩ pȩrpetuellȩ.
Priant Diȩu, Madamȩ, vous continuer
la tamporellȩ an trelonguȩ prosperite e
sante. Cȩ 29 iour dȩ Ianuier 1550.

Table

ã iÿ

Aus Lecteurs.

MESSIEVRS, vous deuèz, pour trois réfons, excuſer amiablemant les fautés qui ſe
preſanteront à voz yeus, an liſant vne choſe ſi ingenieuſemant inuantee que ce preſant
Traitte. L'une et, l'abſance de l'Auteur.
L'autre la nouueaute du Suget, tellement eſ-
loigne de notre cõmun vſage d'ecrire (loua-
ble neantmoins, pour beaucoup de cauſes que
vous cõgnoetrèz par la lecture d'icelui)qu'il
ne ſe faut point emerueilher, ſi ſes prece-
ptes mémes ne ſont gardèz de tous poins an
lui, pour la premiere impreſſion. Afin tou-
teſſoes qu'aucun n'ùt trop iuſte occaſion de ſe
plaindre:le tout a ètè pourſuiui auecques tel-
le diligance, que le ſans et tout par tout par-
fet, e accompli. Outre cela, vous trouuerrèz
ci deſſous vn relzueil des errcurs plus nota-
bles, remettans les autres a voz benignes hu-
manitez. La derniere réſon qui vous doit
randre inclins a excuſe, et le bon vouloer
qu'a ù celui a qui l'euure appartient de vous
faire ſeruice: mettant la main a la plume,

tant pour vous auertir preſantǝmant dǝ ſon
opinion, touchant nótrǝ Ortografǝ françoe-
ſǝ: quǝ pour vous communiquer pluſieurs au-
trǝs ſutiz e elegans liurǝs qui ſont aujour-
d'hui, ſouz ſon nom an lumierǝ. Sans quǝ jǝ
diſcourǝ cǝ qu'il a volonte dǝ vous preſan-
ter ſi apres : moiennant qu'il antandǝ quǝ cǝ
qu'il ecrit d'un bon zelǝ, nǝ ſoęt calomnie ſans
propos, dǝ g'ans qui nǝ ſauęt, ou quǝ ſǝ tairǝ,
commǝ ignorans, ou rǝprandrǝ cǝ qu'iz nǝ
pourroęt ſeulǝmant panſer, quand l'inuantion
ſǝroit ancorǝs a naitrǝ. Quǝ dirę jǝ plus?
Il n'ia choſǝ plus facilǝ a ſupporter quǝ cęllǝ
qui nǝ coutǝ rien, e profitǝ, ſinon a l'un, pour
lǝ moins a l'autrǝ : ou, au fort, nǝ nuit à pęr-
ſonnǝ.   A lieu.

Pagǝ,	Lignǝ,	
11	3	Proceleumatiquǝ
16	8	ęt pour ęt
34	3	edition
59	15	j'eſtimǝ
142	4	commǝ vn
144	16	honore

	19	*l'Eſpagnol pobre,*
	20	*viuere, l'Eſpagnol biuir,*
148	14	*Panſèz*
	23	*ſemte*
150	17	*æſophaguɇ*
152	18	*rɇtɇnir l'o*
157	23	*ont ù cɇ ſcrupulɇ*
161	1	*Fiorenza,*
	2	*Firenza?*
165	14	*longueur*
167	4	*vſèz*
170	11	*uſɇ*
171	8	*nommẽ*
173	16	*voudra.*
	18	*la ou il mèt ill*
	20	*glia , glie , gli , glio, gliu,*
	21	*morauiglia, moglie, gli huo-mini, io'l*
177	5	*pris x pour lɇ x*
	20	*íz diſɇt yo te*
178	3	*úſɇt*
181	1	*cɇ n'ɇt*
185	16	*an iſlɇ*

APOLOGIE A LOUIS MEIGRET LIONNOES.

DEPVIS que je suis parti de Paris, Louis Meigret, on m'à montrè vn Liure intitulè le Manteur ou Incredule, par toe mis an Françoes: lequel j'è trouuè comme venant de Lucien, recreatif e serieus tout anſamble: e comme venant de toe, bien e dilig'ammant traduit: e brief, comme venant de tous deus, fort dine d'etre lù. Qu'a la mienne volonte que ceus qui mettet leurs ecriz an lumiere, fút de leur inuantion ou de leur traduction, úſſet tele anuie de profitter au bien publiq, comme tu te montres auoèr, ne t'amuſant a ces comunes e populeres follies, qui ſont tant ſeulemant pleſantes, einçoes ridicules, e de neant profitables. Antre léqueles la plus celebre, et le ſuget de l'Amour: qui à ete tout vn tans demenè antre les Françoes a l'anui, de tele ſorte qu'a bon droet on l'à pù appeler la Filoſofie de France. E combien que nous n'an puiſſions etre ſi acoup deli-

A

 urèz, nous auons pourtant occaſion dę panſer
quę les affęręs dę neceſſerę e publiquę impor
tancę, an fin nous attiręront a ſoę, e nous ó-
tęront cę grand dęſir auęq lę loęſir dę nous
aſſugettir a noz ebaz, e plęſirs: telę mãt quę
cę qui à etè trop long tans an admiration, ſęra peùt ętrę contreint dę quitter la placę aus
meilheuręs e plus vrg'antęs antręmiſęs. I'è,
antrę autręs choſęs, pris grand plęſir a voèr
la peinę quę tu prans a reſtituer notrę Ecritturę: laquelę dę fęt ęt ſi corrompuę, e repre-
ſantę ſi peu cę qu'ęllę doèt repreſanter, qu'on
la peùt ręſonnablęmant comparer a vnę robę
dę pluſieurs piecęs mal rapporteęs, ayant l'-
vnę manchę longuę e largę, l'autrę courtę e
etroęttę: e les cartiers çan dęuant dęrrierę,
laquelę vn perę balhę a ſon anfant, autrę mãt
dę bęllę talhę e bien proportionnè dę tous ſes
mambręs, ou par nonchaloęr, ou par chichę-
te, ou par contannę mant, ou an ſommę par
poùrętе. Cęrteinęmant il j à fort long tans,
e a peinę mę ſouuient il auoèr ùlę jugęmãt ſi
ʒeunę, quę ję n'ęę ù bien grand hontę, voęrę

depit, dę voęr vnę telę languę cõmę la Françoęſę, ętrę vetuę, męs plustót maſquęę d'un
habit ſi difformę. E quand tu mís premierę-
mant an lumierę ton inuãtion dę la reformer,
moę etant pour lors Secreterę dę monſigneur
l'Euęquę du Mans meſſirę Rene Dubęllay,
ję fù cęluj qui louè vniquęmãt ton antrepri-
ſę : e fù treſeſę an moę, dauoęr trouuè vn
hommę dę pareilhę affeſtion a la miennę, an
vnę choſę non moins fauorablę quę nouuęllę.
Car affin quę ję confęſſę ma puſillanimite, ję
n'auoę ancor etè ſi hardi dę publier ma fanteſię, tãt pour creintę quę j'auoęę d'ętrę plus
tót moquè qu'autoriſè, qu'auſſi pour ętre lors
ſuget au vouloęr e plęſir dę mondit ſigneur:
auquel toutęffoęs mę feſoęę aſſez ſouuent ręprandrę dę ma modę d'ecrirę, ſans jamęs la
lui pouuoęr fęrę trouuer bonnę. Dępuis, quãd
j'ù trouuè moyen d'ętrę an ma franchiſę, ję
m'auanturè aſſez libręmant d'ecrirę a ma
diſcretion an partię, e nompas du tout, bien
ſantant quę telęs nouueautez au depourui
ſont mal reçuęs: e qu'il m'etoęt difficilę dę

mę satisferę, ancoręs plus dę comtāter dę ręsons tāt dę sortęs dę g'ans. E an cettę miēnę
manierę d'Ortografę, ję m'accōmodoęę a la
tiennę assez volontiers an cęrteins androęz,
partię voyant quiz etoęt fondèz an ręson,
partię nę voulāt dedeigner dę tęnir vn chęmin qui dę soę n'etoęt quę bon, auęq vn per-
sonnagę qui tandoęt a vn męmę but commę
moę.   E soęs assurè, Meigręt quę délors e
dępuis mę suis proposè, einçoęs mę suis contreint, d'accorder auęques toę an tout cę quę
gracieusęte e honnętęte ont pū pęrmęttrę.
Toutęffoęs ayant an moę vn proprę jugęmāt
diuęrs d'auęqlę tien, e cę an plusieurs passa-
gęs, ję suiuoęę mon opinion, e la suiuant ję la
soutęnoęę souuant an la compagnię dę ceús
quę ję frequentoęę, c'ęt adirę d'un grand nō-
brę dę g'ans dę lęttręs e dę jugęmāt, quę lon
trouuę partout Paris: antrę lęquéz etoęt mes
plus familiers, les pęrsōnagęs quę j'ē fęt parler an cę mien Dialoguę, tous quatrę chacun
an son egard d'ęsprit e sauoęr singulier. Lęquéz ússęt etè fort ęsęs, e moę pour lę moins

autant qué nul d'eus, qué parfoęs tuté fuſſés
trouuè an la bandé, pour déuiſer, nompas dé
la preſanté matieré ſeulémãt, qui ęt choſé aſ
ſez pétité, męs dé meinz autrés propos, di-
nés dé l'excęrtitation e occupation dé g'ans
d'etudé. E dé ma part j'uſſé ù vn grand con-
tantémant an moę, d'amployer la viué voęs a
té diré les réſons qué jé meinténoéé contré
les tiennés: affin qué ſi bon t'út ſamblè, tu m'
úſſés defęt dé la chargé qué j'è preſantémãt
priſé. Cé qué tu úſſés e ſémant pù feré: nompas qué jé preſumé, ſi cé n'ęt ſi peu qué rien,
qué jé t'úſſé pù diuertir dé tes opinions, pour
té feré approuuer les miennés: męs aprés té
les auoèr deduittés par lé ménu, jé né deſe-
ſtimé pas tant dé ta bonné naturé, ancorés
moins dé tõ bon eſprit, qué tu n'úſſés biĕ pris
la peiné a la requęté dé nous, e an faueur du
bien publiq; dé coucher an formé dé Dialogué tant les articlés qui ſont an controuerſé
antré toę e moę, qué ceus qué nous ſoúténons
tous deus contré les autrés. Car il mé ſem-
blé qué lé Dialogué ęt lé plus propré an telés

A iÿ

espeçes dę diffanfions : affin quę ceus qui ont
interęt an la caufę, e quę nous voulōs gagner
par les moyēs qui nous fambęt les meilheurs,
puiffęt auoęr loęfir dę fę refoudrę auquel des
deus partiz íz voudrōt : ou parauāturę des
deus an ferę vn moyen, apres auoęr examinè e
goutè a leur ęfę les allegatiōs d'unę part e d'au
trę. Cęt cę quę j'è uoulù obferuer an mes ecriz,
équéz j'è fęt declerer par Theodorę Dębęzę
tous les argumās e réfōs qu'autręffoęs lui è ouì
adduirę an noz difputęs (car an cęci e an quel
quęs autręs poins affez dę foęs nous nous for
malifiōs l'un cōtrę l'autrę) : e ancoręs outrę cę
quę lui è ouì dirę, ję lui è attribuè tout cę quę
j'è auifè étrę pęrtināt a fa caufę, bien fachant
f'il l'omettoęt allors, quę cę n'etoęt fautę dę l'ā
tādrę, męs feulęmant dę f'an fouuęnir. Or puis
qu'einfi ęt quę n'è ù opportunitè dę dęuifer a-
uęq toę an prefancę, apres auoęr vù ta tradu-
ćtion du Māteur, la ou j'è apperçù tes oppiniōs
vn peu hardięs, qui etoęt chofę ancoręs affez tolerablę męs, nę tę depleſę, elongnęs
du droęt fantier, j'è pris parti dę t'an dirę

par ecrit cǫ qu'il m'an à ſāblè : affin quǫ toę
qui fę́z boucler dǫ la réſon, puiſſes juger lǫ-
quel l'à meilheurǫ dǫ nous deus , e quǫ ceus
qui verront tes ecriz e les miens , connoę́ſſęt
an quoę nous accordons toę e moę , e an quoę
non.   An prǫmier lieu, chacun antand aſ-
ſęz quǫ nous viſons tous deus a vn blanc, qui
ęt de rapporter l'Ecritturǫ a la Prolation:
C'ęt notrǫ but, c'ęt notrǫ point, c'ęt notrǫ fin:
ſommǫ c'ęt notrǫ vniuerſel accord. Męs re-
lzeulhons vn peu noz eſpriz , e voyons quelǫ addreſſǫ il nous conuient prandrǫ pour i
paruǫnir.   Tutǫ traualhǫs a reduirǫ les
lęttrǫs anleur prǫmierǫ e naïuǫ puiſſancǫ,
qui ſ'appellǫ proprǫmant officǫ, ou commǫ tu
diz dǫuoęr.   An quoę fęſant tu tǫ mę́z an
vnǫ peinǫ, cǫ mǫ ſamblǫ, impoſſiblǫ a toę, e
inutilǫ aus autrǫs : e antan' mes réſons.
Prǫmierǫmant il ęt tout cǫrtein qu'il i à an
notrǫ languǫ, e pour parlǫr hardimant, an
toutǫs languǫs vulguerǫs, vnǫ manierǫ dǫ
ſons, qui nǫ ſǫ ſauroęt exprimer par aucun
aſſamblǫmant, ni eidǫ dǫ lęttrǫs Latinǫs ou

A iiÿ

Grequęs : telęmant quę quelquę vſagę quę
nous ayons pris des lęttręs Latinęs pęſiblę-
mant e ſans contradiction, ç'à etè par fautę
d'autręs.   E ſi lęs Françoęs úſſęt etè amoureus dę leur patrimoinę, iz ſę fúſſęt appro-
prìe nouuęllęs figuręs ſinificatiuęs dę leurs
voęs e accans, tout einſi quę firęt les Latins,
e commę au parauant auoęt fęt les Caldęęs,
Egiptiens e autręs nations, qui auoęt les lęttręs, les ſecrez dę naturę e toutę ſortę dę
Filoſofię an ręcommãdation, cõmę pręmiers
antręmetteurs des choſęs ſeulęs dinęs d'ętrę
cultiuęs dę l'eſprit, e redigęęs par ecrit,
pour an fęrę part a tout lę mondę.   Non quę
ces peuplęs derniers nommez úſſęt telę curioſite dę ſę fęrę connoętrę, commę ont ù les
Gréz : auquéz nous conſentons dęuoèr les
bonnęs choſęs qui ſont vęnuęs a nous, n'ayans
qu'eus a qui nous nous an puiſſions obliger,
combien qu'il ſoęt vrei qu'iz ont ampruntè
pour nous preter : męs iz ont etè plus grans
ménagers quę leurs crediteurs.   Quant aus
Françoęs qui n'ont point ù l'Ampirę chéz

pus, ſinon peu, e bien tard, iz n'ont u l'auiſę-
mant nj la commodite dę ſę ferę valoęr. |
Qui à fęt qu'iz ont etè contreins dę mandier
tous les ornęmans d'eſprit, męmęs dę ceus qui
les auoęt dernieręmant ampruntèz, allors
qu'il leur ęt pris anuię dę ſauoęr quę c'etoęt.
Tant qu'auęq l'Egliſę Rommeinę lęur à etè
forcę d'uſer des liuręs Latins, e par vn moyen
an prandrę les lęttręs pour leur vulguerę e
pour tout : déquelęs pour leur neglig'ancę d'ā
ferę d'autręs, n'etoęt poſſiblę qu'iz n'abu-
fáſſęt, quoę qu'iz úſſęt opinion d'an bien vſer.
Ou parauanturę connoęſſoęt iz bien l'abus :
męs iz eſtimoęt les lęttręs Latinęs leur ętrę
aſſez bonnęs pour cę qu'iz an auoęt affęrę,
n'ayans l'eſprit ambitieus dę męttrę rien du
leur par ecrit, qui dùt dęmeurer a la poſte-
rite. Meintęnant nous, qui auons lę couragę plus grand qu'iz n'auoęt, eprouuõs a notrę
dommagę ę traualh combien nous à etè pre-
iudiciablę leur nonchaloęr, qui auons tant dę
voęs e dę terminé ſons depouruuęs d'expreſ-
ſions cõmodęs. E ſi tu mę dęmandęs com-

mę quoè:repons moę, Meigręt, cõmant pourrons nous exprimer par ecrit la dęrnięrę ſillabę dę ces moz, hommę, fammę, c'ęt a dirę
dę toutęs ſillabęs femininęs, ſans abúſer dę
la ſęcondę voyęllę? Commant pourrons nous
ecrirę la pręmierę ſillabę dę Iacquęs, jamęs,
ſans ābuſer dę la conſonantę j? Laquelę dę ſa
pręmierę puiſßãcę n'auoęt autrę ſon quę ſi ęllę
út etè voyęllę, excettè quę la cõtraction an ſę
ſoèt la differãcę. E pour parler cleręmãt, ję dì
quę la pręmierę dę Iulius an Latin nę ſę doèt
pas ſonner cõmę an Françoęs la pręmierę de
Iulęs: Męs n'ayant point d'exãplę plus fami-
lier, ję dì qu'ęllę doęt ſonner cõmę nous ſonnõs
cę mot yéús plurier dę eulh, e einſi quę la ſonnęt les Italięs, Eſpagnoz, e Allęmãs an Latin, e an la plus part dę leur vulguerę. Mon
opiniõ ſę peut juger veritablę par cę vęrs dę
Virgilę, Iulius à magno deductum nomen Iulo:
Car qui aura lę jugęmant delicat, il trouuęra quę la deduction ęt fondeę ſus la contraction dę deus ſillabęs an vnę, ſans altęrer
rien autrę choſę: Commę nous pouuons auſßī

connoétré par cé mot ariete, léquel Virgilé
fèt dé troes ſillabés par contraction, cõbien
qué les Grammeriens eſtimét étré vn Prote-
leumatiqué: einſi qu'au Françoés nous auons
fèt Chreſtien dé deus ſillabés, qui reguliera-
mant ét dé troes.   Pour ſuiuré notré propos, quelé léttré ſé pourra il trouuer Latiné
nj Grequé, pour randré la dérnieré ſillabé
dé cé mot batalhé, ſinon an abuſant dé la
léttré l? Laquelé tu veús ici appéler l molle.
E ſi quelcun me dìt qué c'ét la vréyé puiſſancé dé la léttré: e qué la dérnieré ſillabé
dé talis Latin ſé doèt prononcer commé célé
dé talhiz Françoés, qui ſiniſié vn boés qui ſé
talhé (car jé n'ignoré pas qué pluſieurs né
veulhét ſouténir telé étré la puiſſancé dé la
léttré l): pour céla né ſéra il pas eſchapè: car
jé luj démandérè commant ſ'exprimérá la
dérnieré dé cé mot céler: la ou pourtant mon
auis ét qué la léttré à ſon vrei ſon. Plus,
commant ecrirons nous la prémieré dé cha-
ritè, ſinon an abuſant du c aſpirè? Itam, commant ecrirons nous la prémieré dé valét, ſi-

non an abuſant dę la conſonantę v ? laquelę
an ſa prolation à vnę méme réſon commę la
conſonę j : c'ęt a dirę que cę mot valèt Latin
doęt ſonner quaſi commę ſil j auoęt vnę diftonguę ou au lieu dę v, ſauoèr ęt an prononçant oua monoſillabę. On lę peùt auſſi con-
noętre par les moz Latins ſuadeo, conſuetu-
do, quando : e męmęs par lę preterit diſſolûêre,
lęquel lę poetę par liçancę fęt dę cinq ſillabęs, cę qu'il nę fęroęt, ſans qu'il j ût affinite
e conſonancę dę la ſillabę ſeulę a ęllę męmę
dępartię.   Nous commettons męmę abus
an l'a voyęllę : Car ceus qui prononcęt bien
Latin ſauęt qu'an cę mot tumultus ęllę ſonnę
autręmant qu'au mot Françoęs tumultę.
Dauantagę, commant ecrirons nous la dernierę ſillabę dę cę mot gagner, ſinon an abú-
ſant des lęttręs gn ? qu'il tę plęt appęler n
mollę. Ię nę dì rien dę la lettrę doublę z,
laquelę commę on sęt, doęt valoèr ſd : e tou-
tesfoęs la ou tu la męz au lieu dę la lęttrę ſ
antrę deus voyęllęs, lę Françoęs nę portę
point qu'ęllę ſonnę einſi qu'ęllę dęūroęt ſon-

ner. E par cę quę ję ſuis tombè ſus la lęttrę
ſ, ję nę tę puis lęſſer páſſer quę tu lui ótęs l'officę quę nous lui auons donnè antrę deus voyęllęs: Car combien qu'a la verite ęllę nę ſonnę point autręmant androęt les Latins an cę
mot miſer, qu'ęllę fęt an ſermo: toutęsfoęs ſi
nous ręgardons quę pour reformer notrę E-
critture tout au parfęt, il nous faudroęt a-
uoęr lęttręs toutęs nouuęllęs, nous trouuęrons
quę mieus vaut la lęſſer einſi. Car cę nę ſęroęt jamęs fęt: Notrę Languę auroęt pęrdù
ſon úſagę, auant quę nous púſſions męttrę telęs nouueautez an la bonnę gracę des Françoęs. Toutęs nations úſęt dę ſ commę nous
an vſons, excette l'Italien an quelquęs moz
e nompas par tout. Dauantagę, toęmęmęs
ecriz les dęrnieręs ſillabęs des nons pluriers,
par ſ: e dę fęt nę ſę peuuęt autręmant ecrirę,
téz j'à: commę lę plurier d'hommęs, fammęs,
e ſamblablęs: é toutęffoęs tu ſans bien quę lę
lęttrę ſonnę commę ton z, quand lę mot ſuiuant commancę par voyęllę: commę an cęttę
parollę, Tous hõmęs e fammęs ont a mourir.

E pour cuider pallier cę qui nę sę sauroèt
sauuer, tu diz qu'unę lęttrę peùt auoèr deus
officęs: Męs c'ęt vnę assez męgrę couuęrtu-
rę, qui ang'andrę discord au lieu dę regula-
ritę: laquelę an cęt androęt bien gardeę otę
la couleur d'abus, ancoręs qu'il j an èt ù dù
commancęmant.   Męs meintęnant qu'auons
nous affęrę dę reformer vnę chosę qui nę cau
sę point d'ęrreur? ęrreur n'j à il point, puìs
quę lę commun consantęmant j pouruoèt. E
si tu mę diz, Commant? il nę faudroèt donq
rien reformer: car an lisant on pourra distin-
guer la prononciation dę ces deus moz, oútil
e subtil, ancoręs qu'iz soęt ecrìz d'unę męmę sortę, d'autant quę lę commun consantęmant ęt, qu'iz s'ecriuęt einsi. Ię repons quę
c'ęt abusiuęmant consantì, quand on accordę
vnę chosę, laquelę parapręs on tróuuę pre-
judiciablę a son consantęmant : Car auant
qu'approuuer quelquę chosę, on doęt pręmieręmant voèr quelę difformite il s'an peùt sui-
urę. Il samblęroèt quę la dęrnierę dę outil
sę prononcát commę cellę dę suttil: la dęr-

niere de ville, comme la derniere de che-
uille: e touteffoes il j à differance manifeste.
Autant et il de ces deus moz espriz qui
vient de eprandre, e espriz qui vient du singulier esprit: déquéz la derniere sillabe se-
cuit vulgueremant de même sorte: e touteffoes au premier la lettre s ne se prononce
point, e si fęt bien an l'autre: Autant et il de
ces moz maistre, traistre: peste, tampeste.
Ce sont les moz, Louis Meigret, qui meritet
reformation, non pas ceus qui s'ecriuet d'une
sorte qui et tousiours samblable a soę, e qui
james ne se demant. Ce sont ceus que nous
deuons tascher a restituer, affin de pouuoèr
regler notre Ecriture. C'et le vrei moyen
de paruenir ou nous aspirons, qui et de randre notre langue recommandable anuers les
nations etranges. Car an la leur fésant li-
sible, nous leur donnerons quand e quand le
courage d'i vaquer, quand iz auront la ma-
niere de racheter la longueur du tans, qu'au-
tremant iz deüroet attandre etans sus les
lieus: nompas an leur ótant vne úsance ja pre-

ſcritté par nous e par eus. Commé lé ſon du
t, antré deus voyęllęs, lęquel non ſeulęmant
es languęs vulgueręs, męs an Latin męmę,
ſę prononcę par tout lę mondę commę la lęttrę ſ: telęmant qu'Eraſmę n'oſę aſsúrer qu'il
nę ſonnát einſi du tans quę lę Latin etoęt natif. Autãt peut'accordęrè ję quę les lęttręs
c, e, g, èt męmę puiſſãcę auant e, i, commę a-
uant a, o. Croę moę, Meigręt, nous nę ſęrions quę nous j rompré la tętę, ſans pouuoęr
rien meriter ni pour nous ni pour les autręs, jã
ſoęt quę nous ayons deprauè lę vrei dęuoęr
d'icęllęs an cęla. Tu donnęs vnę lzeuę a l'j
pour lę ferę ſonner commę nous proferons lę
g auant e, i. Męs cęla ſ'appęllę ſęlon lę vulguerę prouęrbę, decouurir ſeint Pierrę pour
couurir ſeint Pol. Tu ótęs lę ſon au g, qui ęt
ja preſcrit e approuuè, pour lę donner a l'j,
contrę ſa naïuę puiſſancę, e qui n'ęt pas ſi v-
niuerſęllęmant ręçù pour tel. Cę nonobſtánt
ję ſuis tresbien d'accord qu'antrę nous commę antrę les Eſpagnóz l'j a lzeüę ęt cettę
puiſſancę: Męs dę l'óter au g, pour la peur

quę j'è quę n'an soyons auouèz, ję suis d'auis
qu'il dęmeurę la pour cettę heurę. Dę mémę, j'pprouuę bien qu'on balhę vnę lzeuę au
c, pour lui donner lę son dę ſ dauant a, o, u;
cõmę an dęça, façon, dęçù. Mes dę lę ſonner commę lz auant e, i, c'ęt vnę nouueaute
trop grandę, e j'oſę dirę, odieuſ: combien
quę mon opinion ęt touſjours etè quę ſa vręyę
puiſſãcę ęt telę, n'j út il quę cettę ręſon(mes
il j an à d'autręs) qu'an toutęs les dictiõs quę
les Latins ont priſęs des Gréz, íz ont touſjours tournèu an c. Mes par cę quę cęla nę
cauſę point d'inconueniant, e qu'il ſobſęruę
einſi presquę an toutęs languęs vulguęręs,
fors an l'Italien, ou íz ſonnęt c auant e, i, cõ
mę nous e les Eſpagnóz ſoñnons lę c aſpirè:
e auſſi quę nous nę nous contrędiſons point an
cęla, nous fęrõs mieus dę l'antrętęnir tel qu'-
il ęt, quę dę nous peiner pour neant. Pour la
męmę ręſon ję nę t'accordę point quę tu ótęs
l'u d'apres lę g, an ces moz longueur, languę
guiſę: Car ję nę ſç an tout notrę Françoęs ou
nous j ſoyons inconſtans, fors en cę mot egui-

ſer, la ou l'u ſ¢ prononc¢ . E quant a c¢ mot
Guiſ¢ pour l¢ nom d'un¢ vill¢, il n¢ do¢t ¢tr¢
mis an cont¢, par c¢ qu¢ c'¢t vn nom propr¢:
e au mot egulhon, qu¢ tu ecrìz par i auant l,
ſi tu veus ecouter parler les Frãço¢s tu trou-
u¢ras qu¢ l'i n'i a qu¢ f¢r¢ : car on n'i an pro-
nonc¢ point. Autant peut'accord¢rè j¢, qu¢
nous ayons a r¢c¢üo¢r la l¢ttr¢ q ſans u joignant, d'autant qu¢ c¢la n'¢t point reduir¢ la
l¢ttr¢ a ſon naif, m¢s plus tót la corrompr¢:
Car qui la vìt jam¢s an ecrittur¢ du mond¢
qu'ell¢ n¢ fút accompagne¢ d'u? combi¢n qu¢
j¢ n'ignor¢ pas qu'an quelqu¢s anciẽn¢s meins
d¢ noz Rommans, on n¢ trouu¢ ecrit qi, qoi,
qerir : M¢s il n¢ ſ¢ faut pas prandr¢ la : Car
les bonn¢s g'ans an f¢ſo¢t autant an Latin, e-
criuant qi e qalis, choſ¢ tãt abſurd¢, qu¢ nous
d¢uons ſeul¢mant auo¢r pitie d¢ leur igno-
ranc¢, e nom pas prandr¢ exampl¢ a leur bon-
n¢ foę. Il ſ¢ro¢t beaucoup plus tolerabl¢ d¢
m¢ttr¢ vn lz au lieu: c¢ ſ¢ro¢t approprier l¢
lz a ſa vrey¢ puiſſanc¢, ſans qu'on an pút a-
buſer. Tout¢ffoęs, combien qu¢ nous n¢ pro-

nonçons point l'u apres q, comme font les Italiens e Espagnóz, si et ce que pour cette ge-neralite qui ampésche l'erreur, je troue mei-lheur qu'ò n'i touche point pour cette heure. Car apeine se trouuera il hõme qui soèt des tiens an cela : ancores moins, comme j'estime, an ce que je voé dire. Tu as dìt, s'il m'an souuient an ton premier Trette d'Orto-graphe, e te dure tous jours ton opinion, que la Diftongue composee de la quarte e cin-quiéme voyelle, qui et ou, n'et point Françoe-se: au lieu de laquele tu veus introduire vn o, que tu appelles o clos. Tu regettes sambla-blemant du Françoes la Diftongue compo-see de la premiere e cinquiéme voyelle, qui et au : pour laquele tu méz ao. An quoe a peine puis je imaginer réson qui t'èt mù, aumoins qui te puisse seruir : Car quant a la Difton-gue ou, la prolatiõ d'icelle, au rapport de tous les Françoes, ét propre, necessere e insepara-ble de notre vulguere. E si tu dìz que la pro-lation bien an ét necessere, mes qu'elle ne se doèt einsi ecrire, d'autãt que l'usage des deue

B ij

voyelles Latines dont elle et composee, et in-
dù a cela, par ce que les Latins n'an useret
james, e qu'il vaudroet mieus l'ecrire par o-
micron e ypsilon, a l'imitation des Gréz (com
me je trouve an quelques tienes Ecritture):
je te repos que la voyelle ypsilon sonnoet an-
ciennemant comme de presant notre u Françoes: ce qu'on peùt sauoèr par vn bon nombre
de moz que les Latins ont ùz des Gréz, la ou
éz n'ont quasi point changè v an autre voyelle
qu'an u. E auons abusè de toutes les deus: de
l'une an la proferãt come la tierce voyelle i: e
de l'autre an la proferãt par trop grãde com-
preßion de leùres: come propremãt l'u Latin
dùt auoèr vn son moyen antre la diftong ue ou
e notre u Françoes: einsi que trebien à notè
Erasme an son liure de droette pronõciation.
E partant il n'j à chose qui puisse ampéscher
que l'u joint aueq l'o ne face autãt que font o-
micron e ypsilon: vù mémemãt que les Françoes jusques ici se sont paßèz de tous cara-
cteres autres que Latins. Que si tu vouloés
dire que ou sonne trop simplemant pour etre

Diſtongué, la ou les deus voyellés doęuét ętré
ſantiés, ję dì qu'auſſi on les j ſant : Męs pour
l'affinite qu'ont touſjours ué ces deus voyellés
anſamblé (témoin l'ecritturé ancięné Latiné
dé ſont e ſunt) on ſen appęrcoèt ſi peu qué rien.
E quant a la ſimplicite dé prolation, tu ſèz
qué la Diſtongué au ſé pronõcé auſſi ſimplé-
mant : ſi fęt bien la Diſtongué eu, laquelé tu
n'ótés ni né ſauroés óter dé notré Françoés.
c'ęt autre choſé des Diſtõgués Latinés æ, œ,
la ou les deus voyellés ſont diſtinctémant ſan
ſiblés   Ię ręuien a la Diſtongué au qué tu
veus changer an ao. Ię té pri Meigręt, gar-
dé toę an voulãt ętré trop curieus, dé tomber
ou d'ętré cauſé qué les autrés tombęt au vicé
des Pariſiens, qui au lieu d'un ſeau d'eau, diſęt vn ſio d'io : Car ſans point dé fauté il t'út
autãt valù męttré vn o ſimplé tout d'un moy-
en.   Męſ ſi tu męz tes oreilhés an conſeilh,
tu cõnoętras qué les pręmierés ſillabés dé cau
tęllé e cauſé, né ſonnęt point autrémant qué
cęllés dé cautela e cauſa : ou ſ'il j à dé la diffe-
rancé, pour lé moins ęllé n'ęt telé, qu'ęllé puiſ-

ſę cauſer aucun ęrreur ántrę nous, ni antrę les
nations etrangęs.   Puis il tę doęt ſouuęnir dę
la procheinſte quę touſjours à uę la Diſtõguę
au auęq la voyellę o : cõmę on sèt par les moz
.Latins caudex e codex : Claudius e Clodius : ſo
des pour ſi audes, e les autręs.   E par einſi
combien quę notrę prononciation tournát plus
ſus ao quę ſus au (cę quę ję n'appęrçù jamęs)
ancoręs nę ſęroęt cę quę curoſite a toę, dę chercher les choſęs dę ſi pręs.   A uiſę donq Meigręt quelę antrępriſę tu as voulù fęrę, dę cuider reduirę les lęttręs a leur anciennę e naïuę
puiſſancę.   Ię tę pri' nę nous montrons point
ſi vehemans nę ſi rigoureus d'antręę : nę fęſons point dirę dę nous quę nous voulõs paſſer
dę forcę e par ſus les muralhęs, quand les por
tęs ſont ouuęrtęs : n'antrõs point ſi a la foullę,
auant quę les logis ſoęt preparèz : gagnons
pręmieręmant les lzęurs des hommęs, an leur
propoſant les conditions moins ſoupſonneuſęs,
e qui honnętęmant nę ſę peuuęt ręfúſer : Puis
nous leur mettrons les autręs an auant, quand
íz ſęront vn peu mieus prattiquèz e aſſu-

rèz. Croè moe qué ſi nous pouuons corriger
les abus les plus manifeſtés, nous aurons bien
béſongnè. Féſons l'un aprés l'autré : e nous
voęrrons qué quaſi ſans nous an ętré nota-
blémant apperçùz, noz réſons auront trouuè lieu anuęrs tout vn peuplé. Puis il an viendra d'autrés aprés nous, qui achéuéront cé
qué nous aurons, nompas oubliè, męs ſeulémant diſſimulè.

I'è iuſqués ici touchè preſqué tous les poins
équéz né ſuis d'auęq toe quant a l'Ecritturé,
męs qué prémiérémant jé n'oublié qué ſans réſon tu ótés l'e feminin, au lieu duquel tu méz.
vn apoſtrofé a la fin des dictions, quăd lé mot
ſuiuant ſé commancé par voyęllé.   E. cé qui
lé mé fęt diré ét, qué lon ſé peùt arręter, e bien
ſouuant s'arręté lon an liſant, ſus la fin dé telés dictions, ancorés qué lé point n'i ſoèt pas:
e an ſi arrętant c'ęt forcé dé prononcer l'é.
Il faudroèt par mémé réſon óter quaſi toutés
autrés lęttrés finallés, léquelés nous né prononçons point au parler continu : dont jé parléré
plus au long an mon Dialogué. Mémés jé ſuis

d'opiníon quɇ du tans dɇ la lãguɇ Rommeinɇ,
on nɇ prononcoèt pas les voyellɇs finallɇs an
commun parler, quand il j auoèt rancontrɇ
d'autrɇ voyellɇ au cõmancɇmant du mot sui-
uant:e nonoſtant on les ecriuoèt par tout, fors
quelquɇſſoɇs es vɇrs Comiquɇs, qui etoɇ̀t legers, actíz e populerɇs, e qui ſɇ prononçoɇ̀t
ſans intɇrmiſſion. Toutɇſſoɇs dɇ cɇla j'an léſſɇ
panſer a chacun cɇ qu'il an voudra:il mɇ ſuffit dɇ mɇ tɇnir a la prɇmierɇ réſon ſans m'aſſugettir a examplifier. Iɇ vien meintɇnant
a la prolation. Tu díz quɇ l'i an cɇs moz prolation, nation, ɇ́t long: qui ɇ́t contrɇ l'uſagɇ e
obſeruancɇ dɇ tous Françoɇs: Car ton oreilhɇ
mémɇ tɇ jugɇ quɇ la prɇmierɇ dɇ nation ɇ́t lõguɇ, e quɇ la pɇnultimɇ n'à pas tant dɇ tans:e
partant n'ɇ́t pas lõguɇ, ſi tu nɇ vouloɇs mɇttrɇ
deus outroɇs dɇgrez dɇ lõgueurs ſillabiquɇs.
Iɇ tɇdì, Meigrɇt, qu'an notrɇ Frãcoɇs les voy-
ɇllɇs ſont toutɇs briëuɇs les vnɇs dauãt les autrɇs, ſinon quand ɇllɇs ſont dauant l'e feminin,
commɇ tu peus euidammant connoɇ́trɇ an cɇ
mot chátiɇr, duquel la penultimɇ ɇ́t briëuɇ,

e an chatíę pręmierę perſonnę, la ou ęllę ęt
longuę. E ſi tu veus dębattrę quę ſil faut
vn acçant ſus la pręmierę dę chátier, il an fau
dra auſſi vn ſus la pręmierę dę chátię longuę,
e par męmę reſon vn autrę ſus la penultimę
auſſi longuę: e par einſi faudra męttrę deus
męmęs acçans ſus vn mot. Ię repons qu'il n'ęt
pas neceſſerę dę męttrę acçant ſus toutęs ſillabęs longuęs : combien qu'a grand peinę ſę
pourra il ſauluer pour quelquę tans an notrę Françoęs ſus aucuns mo3 : commę quand
nous diſons léqué3 e aúqué3, e quelquęs autręs, pour ſinifier la longueur des ſillabęs :
Męs il n'ęt point dę bęſoin dę lę fęrę einſi
par tout : car il ſuffit qu'an chatię on lę męt-
tę ſus la penultimę: par cę quę la longueur dę
la pręmierę ſillabę ſę connoęt a ſon original,
chátier. Ię donnęrè examplę du mot Romani,
lęquel combien qu'il n'ęt qu'un acçant principal, qui ęt an la penultimę, ſi ęt cę quę la
pręmierę ſę doęt touſ jours prononcer longuę
e la dernierę auęq. Cę qu'on trouuęra vrei
an côſiderãt quę les pręmiers Poetęs Latins

n'auoęt point autrę loę dę ferę leurs ſillabęs
longuęs ou briëuęs an compoſant vęrs, fors la
prolation communę: E n'etoèt point queſtion dę leur anſeigner leurs quãtitez: car tou-
ęs ſillabęs longuęs ſę prononçoęt longuęs: e
briëuęs, briëuęs: Cę quę nous obſęruons ſi mal
quę ſ'il etoèt pɔſſiblę qu'il ręuint quelquę Rŏ-
mein dę l'autrę mondę, pour nous ouir parler
Latin, il ſęroèt ampeſchè nŏ ſeulęmant a nous
antandrę, męs auſſi a pouoèr ſauoèr quel langagę nous parlęrions, tant nous auons deprauè la naturęllę Prolation Latinę an cęla e an
autręs mil androęz: Si n'è ję pas pourtant
oubliè Ciceron qui dìt quę la pręmierę dę
Inclytus e dę tous móz compoſez dę in, fors dę
ceus qui ont la ſęcondę partię dę la compoſition commançant par ſ ou ſ, ęt briëuę. Męs
pourquoę e commant cęla ſę fęt, cę n'ęt ici lę
lieu dę lę dirę. Tant j̀ à quę qui aura bien antandù lę paſſagę d'Horacę an ſon art Poe-
tiquę, la ou il dìt du pie Yambę, Pes citus - e
l'autrę androęt ou il l'appellę - natum rebus
agendis, il connoętra cę qui an ęt: E parei-

lhę́mant quand il dìt des Spondeęs, Spondæos
ſtabiles - Męs ję creins d'ętrę trop long.
Pour rę́prandrę notrę propos, ſi tu vouloęs
dirę quę tu appęllęs l'i dę nation l'ong au rę́-
gard dę cęlui dę donnaſſions e tournaſſi-
ons: (car ſil faut dirę donnaſſions ou bien
donniſſions, ję n'an dì rien ici), e ſamblablę-
mãt l'i dę chátier au regard dę cęlui dę chartier, ję tę diroęę quę cę ſęroèt ſans rę́ſon: Car
an chartier, l'i par manierę dę dirę, nę ſ'appęllę point i, d'autant qu'auęq l'e, il nę fęt qu'-
vne ſillabę (laquelę touteffoęs ję nę voudroęę
appęler diftonguę commę toę) : cę qui ótę a
toutęs deus la puiſſancę naturęllę, qui ęt d'an
fęrę chácunę vnę: E par cę qu'an chartier
e les ſamblablęs íz n'an font qu'unę, l'i e l'e nę
ſę doęuęt appęler lons ni briéz, męs bien lα
ſillabę qu'íz font, longuę ou briëuę. Autant
ęt il dę cę mot puant duquel tu dìz la prę́mie-
rę ſillabę étrę lõguę, qui ęt notoęrę́mant briëuę. Autant des dernieręs ſillabęs dę allè,
donnè, qui ſont auſſi euidammant briëuęs:
voęrę les dernieręs dès pluriers donnèz, al-

tèz : commę chacun connoèt par cettę enon-
ciation, Nous sommęs allèz a la Court, e rę-
tournèz a Paris. Enę sę faut regler sus cę
qu'iz s'ecriuęt par z : Car j'è desja dìt quę
nous n'usons point dę z pour lęttrę doublę,
comme naturęllęmant ellę doèt ętrę. Tut'a-
busęs außi an cę mot violęt, lę mettant dę
deus sillabęs : car il ęt dę troęs, tant par úsa-
gę quę par autorite. Aucontrerę dę cęlui
qui pansę quę miel e fiel soęt dißillabęs, qui
nęlę sont nomplus quę Ciel e vielh. Marot
à fęt violettę dę troęs sillabęs franchęs, sans
la femininę. E si tu nę vouloęs ferę cas dę
son autorite, il mę samblę quę tu tę fęroęs
tort an lui an voulant ferę : Car combien qu'il
soèt ancoręs des nouueauz, si ęt il pourtant
an bonnę voęyę dę vieilhir, pour auoèr etè
ou lę meilheur, ou pareilh au meilheur dę
son tans. E nę sauroèt on commancer trop tót
a l'autoriser, nompas pourtant an tout e par
tout : d'autant qu'an notrę Françoęs, qui sę
hátę dę sę polir, tous les jours, sę delzeuurꝺt
meintęs chosęs mauuęsęs qu'on trouuoèt bon-

nȩs ancorȩs dȩ son tans. Toutȩffoȩs quant a
telȩ prolation commȩ cȩllȩ dont nous parlons,
il nȩ sauroȩt j auoȩr falhì, luj qui à etè nourrì
toutȩ sa viȩ es lieus ou lon parloȩt bien. Souf-
frons donq qu'il ȩt autorite pour lȩ moins a-
prȩs sa mort, qui an voulons bien auoȩr auant
la nótrȩ. Cȩ quȩ j'an dì n'ȩt point, quȩ iȩ pan-
sȩ quȩ tu la lui veulhȩs amoindrir. Mȩs jȩ la
luj meintien par cȩ quȩ suiuant l'usagȩ, auquel son bon naturel l'addressoȩt, il nȩ pourroȩt ȩ sémant auoȩr fȩt fautȩ an chosȩ si communȩ. Quȩ si an quelquȩs androȩz qui con-
cȩrnȩt l'art, il auoȩt ȩrrè, iz pourroȩt ȩtrȩ
téz quȩ iȩ sȩroȩȩ cȩluj qui lui sȩroȩt lȩ plus
rigoreus. l'antans an l'inuãtion e dispositiõ
e beaucoup moins an matierȩ dȩ moz qui nȩ
sont quȩ l'ecorcȩ au pris des santancȩs. Iȩ
trouuȩ an plus d'un lieu dȩ ton Liurȩ vera-
mant pour vrȩmant: e si cȩ n'ȩt la fautȩ dȩ
l'Imprimeur, jȩ t'auise quȩ tu nȩ trouueras
hommȩ qui tȩ lȩssȩ passer la tiennȩ.
Meintȩnant pour vȩnir aus poins les plus in-
sings, dì moȩ, jȩ tȩ pri', Meigrȩt, qui tȩ pour-

ra consantir quę lon doeuę prononcer euę,
hurtę, par u tout nu, au lieu dę lzeuę e heurtę
par diftonguę? Puis qui t'accordęra quę l'e
quę tu appellęs e ouuęrt, puißę conuęnir an
ces moz naguęrę, pourtręrę, contręrę, necef-
serę, pour naguerę, pourtrerę, necęßerę? e
quę non seulęmant il i conuięgnę, męs ancoręs
quę tu i męttęs vn acçant dęßus tout einfi
quę fi les fillabęs etoęt longuęs, commę ęllęs
foęt puręs briëuęs. Qui t'accordęra qu'il falhę prononcer par o fimplę, ces moz, bonę,
comodę, conù, comę, homę, honeur? au lieu dę
bonnę, commodę, connù, commę, hommę honneur? E qui pis ęt, qui t'accordęra qu'on doę-
uę prononcęr, troup, noutręs, coute, clous, nous
anciens, par diftonguę ou? au lieu dę trop, no-
tręs, cóte, clos, e noz anciens par o fimplę?
Au contrerę a qui as tu ouì dirę, coleur, do-
leur, par lę mę́mę o fimplę, quę tu appellęs o
ouuęrt? I'è pris gardę quelquęffoęs a cęla, e
è trouuè quę c'ęt lę vicę dę cęrteins païs, commę dę la Gaulę Narbonnoęfę, Lionnoęfę, e
dę quelquęs androęz dę l'Aquiteinę, la ou iz

diſęt lę haut bot, vn huis óuęrt, e du vin ro-
gę: aucontrerę, vn mout, vnę chouſę, e dęs
pourreaus. I'è trouuè an quelquęs liuręs vę-
nans dę l'Imprimęrię dę libreręs autręmant
correz e dilig'ans, loangę, rejoir, torner, oi,
morir, e voloir: aucontrere, ourront, lę voul,
e lę mout: choſę cęrtęs ridiculę. I'ę tę pri Mei
gręt, n'epouſons point ſi affęctuęuſęmant la
prolation dę notrę pais.   Gardons nous qu'an
voulant euiter la ręprochę quę fit la vieilhę
a Teofraſtę, nous n'ancourons cęllę quę don-
na Pollion a Titę Liuę.   Sans point dę fautę,
j'oſę dirę cęla dę moę quę j'è touſjours pris
peinę dę parler e prononcęr correctęmant autant qu'vn autrę. E combien quę ję ſoęę d'vn
pais, ou la prolation, voęrę lę langagę ſont
fort vicieus (commę ję ſuis contreint dę con-
fęſſer) toutęffoęs ję pãſę auoęr gagnè cę point
au moyen dę la ręformation quę mę ſuis impo-
ſeę moęmęmę, qu'a bon droęt nę ſę pourra dirę dę moę quę mon parler ſantę ſon tęrroę.
E par cę quę j'è touſjours etè dę l'opinion dę
ceus qui ont dìt qu'an notrę Francę n'i à an-

droęt ou lon parlę pur Françoęs, fors la ou ęt
la court, ou bien la ou ſont ceus qu j j ont etè
nourriz. ję m'i ſuis volontiers gęttè toutęs
lęs foęs qu'an è ù l'occaſion : laquelę aſſez dę
foęs j'è úę, principalęmãt du viuãt du trecretien Roę Françoęs, duquel les g'ans dę lęttręs
nę ſauroęt parler aſſez honorablęmant. An
la Court duquel j'è ù aſſez bonnęs antreęs
par lę moyen des connoęſſancęs quę j'auoęę
prattiquęs du tans qu'il rénoęt, m'approchant des pęrſonnagęs qui auoęt credit, faueur e manimãt d'affęręs: qui ſont ceus pour lę
plus, qui parlęt lę mieus.   Męs cęrtęs dę tous
ceus la ję n'an ouì jamęs vn quj prononcát les
moz einſi quę tu nous les ecrìz.   Gardę toę,
Meigręt, qu'on nę t'eſtimę trop amoureus dę
ta fanteſię proprę: e qu'an nę voulant rien léſſer paſſer des opinions d'autrui, les tiennęs
ſoęt trouuęęs mauuęſęs, auant qu'on èt pris
loęſir dę pęſer les réſons quę tu as bonnęs an
beaucoup d'androęz.   Quę diras tu, ſi ję tę
montrę quę toęmęmę tu tę troublęs e confons
an tes propos? Tu veus reformer l'Ecritturę

des premieręs fillabęs dę maiſtrę, paiſtrę, nai-
ſtrę, léquelęs cęrtęs ręquieręt reformation, ſil
j an à an notrę languę qui lę ręquieręt: e veus
qu'ellęs ſęcriuęt par vn e a lzeuę, qui ęt telę
puiſſancę quę dit Eraſmę, ſi jè bõnę memoęrę, quę doęt auoęr l'ɷ des Gréz. Dę mā
part, ję t'accórdę ton e a lzeuę: e ſuis bien con
tant d'an úſer auęq toę, e autręs qui j auóęt
pouruù auant toę e moę. Męs ſi apres tę
l'auoęr accordè, ję tę cõueins manifeſtęmant
quę tu abuſęs dę ta proprę intantion, quel
moyen auras tu deſormęs dę garder ton credit, ſi tu nę tę reconnoęs? Tu nę fę́s quę deus
ſortęs d'e antā dęrnierę editiõ. L'un a lzeúę,
duquel nous parlons, quę tu appęllęs e ouuęrt,
qui plus propręmant ſ'appęllęroęt c cler, a lā
differancę dę l'e quę nous diſons feminin,
lequel tu nommęs e clos, è qui plus conuęna-
blęmant ſę nommęroęt e ſourd. Cę dęrnier
ſans lzeúę tu fę́z ſęruir dę deus officęs, quę
tu nę ſauroęs nier (ſans dirę rien dę plus ę-
grę) ętrę choſę d'imprudancę e d'omiſſion:
Car tu ſéz quę nous an auons troęs, léquéz

en sauan ce mot Deferç. Voila ou il mç
samble quç tu as notablçmant falhì, commç
an ta prçmierç editon tu anúffçs bien parlè,
çinsi qu'il mç cuidç souuçnir: e ta fautç sç
voçt an ces moz ecrirç, deduirç, perç, la ou
tu nç mez point d'e differant pour les prç-
miçrçs e pour les derniçrçs sillabçs. E ancorçs cçci mç samblç autant ou plus etrangç,
quç tu ecriz grand nombrç dç moz par l'e a-
lzeuç, e pour lç prçmier, la Conjonction co-
pulatiuç, e: commç s'ellç sç prononçoèt cle-
rçmant cç qu'a mon auis tu nç sauroçs soutç-
nir sans quç ton oreilhç mémç te condannát,
qu'oçat ces moz, Veus tu tç terç, è étrç
mon amì? la ou lç son dç la Conjonction sç
discçrnç apertçmant d'auçq la prçmierç sillabç du verbç sustantif. Tu an abusçs aussi
an cç mot Manteur: Car tu sez bien quç la
prçmierç sillabç n'çt pas si clerç, commç an
cç mot métrç. Iç nç veulh pas pourtant dirç qu'ellç sonnç commç an la prçmierç sillabç dç meriter: Mçs mon auis çt dç dëuoèr e-
crire toutçs telçs dictions plus tôt par a quç

par e: Car dę dirę qu'il j ęt differancę an la
prolation des deus dernieręs fillabęs dę a-
mant e firmamant, ç'ęt affęrę a ceus qui ręgardęt dę trop pres, ou qui veulęt parler
trop mignonnęmant : famblablęmant antrę
les penultimęs dę confciancę e alliancę: E lę
pęut on ancor' plus certeinę mant connoętrę
quand on prononcę ces deus propofitions qui
font dę męmę ouyę, męs dę diuęrs fans, Il nę
m'an mant dę mot: e, Il nę m'an mandę mot.
Combien quę propręmant a la rigueur cę nę
foęt ni a ni e. E confęßę quę les fillabęs é-
quelęs nous mettons e auant n, mę famblęt
plus malęfeęs a reprefanter par lęttręs Latinęs, quę nullęs autręs quę nous ayons an no-
tręs Françoęs. Brięf l'e qu'on męt vulgue-
ręmant an fciencę fonnę autręmant quę l'e dę
fcientia Latin, la ou propręmant il fę pronõcę,
cõmę an Françoęs celui dę ancien, fien, bien.
E la ręfondę telęs prolations corrompuęs du
pręmier tans, ję la dirè an mon Dialoguę.
Ręgardę meintęnant, Meigret, quel incon-
neniant pęut arriuer dę tes preceptions : Car

as tu dẹſir d'an ẹ̃trẹ crù ou non? e jẹ nẹ dou-
tẹ point quẹ tu nẹ lẹ veulhẹs ẹ̃trẹ. Or po-
ſons cas quẹ des lẹ jourdhui tes opinions ſoẹ̃t
approuueẹs. Cẹrteinẹmant ſ'il etoẹ̃t einſi
auẹnù, tu auroẹs etè cauſẹ d'unẹ choſẹ toutẹ
contrerẹ a ta principallẹ e ſeulẹ intantion:
Car au lieu quẹ tu pretans fẹrẹ obeïr l'Ecritturẹ a la prolation, tu auroẹs fẹt obeïr la prolation a l'Ecritturẹ. E nẹ croẹ̀ point quẹ toe-
mẹ̃mẹ nẹ trouuáßẹs notrẹ langagẹ fort dẹ-
guiſè, quand tu l'orroẹs einſi prononcer commẹ tu l'ecrìz. Tu ſèz quẹ cẹ n'ẹ̃t pas rẹſon
pareilhẹ dẹ la prolation e dẹ l'Ecritturẹ.
Car an l'unẹ, il faut par forcẹ ẹ̃trẹ du commun conſantẹmant qui ẹt lẹ vrei vſagẹ : e to
ralẹmant ſ'i accommoder, ancorẹs quẹ du cõ-
mancẹmant la rẹ́ſon j'ùt pù contrẹdirẹ.
Pour a quoẹ paruẹnir, lẹ ſeul moyen ẹt dẹ hã-
ter les lieus e pẹrſonnẹs les plus celebrẹs, auẹq
léquelẹs on apprand nonſeulẹmant lẹ parler
(car c'ẹ̃t peu dẹ choſẹ dẹ ſauoèr cẹ quẹ pluſieurs ont commun auẹquẹs nous) mẹs auſſi la
conduittẹ, lẹ meritẹ, e euenẹmant des affẹrẹs

qui appartienẹt a l'antrẹg'ant, e qui nous ap-
portẹt la purite, naiuẹte, e abondancẹ dẹ lã-
gagẹ. Mẹs quant a l'Ecritturẹ, ẹllẹ nẹ doẹt
auoẹr autrẹ vsagẹ ni puiſſancẹ. Fors cẹllẹ
quẹ la prolation lui donnẹ: einſi quẹ toẹ e moẹ
accordons bien. E mẹ deplẹ ſoẹt beaucoup
quand jẹ publiẽ mes Euurẹs Poetiquẹs, qu'iz
nẹ furẹt imprimèz an partiẹ ſẹlon mon intantion. Mẹs jẹ les è dẹpuis augmantèz d'u-
nẹ bonnẹ tiercẹ partiẹ : e quand viendra a
les rimprimer, jẹ les ferè voẹr ecriz a mon
gre, ou jẹ ſẹrè dẹſobeì des Imprimeurs. I'è
nouuẹllẹmant mis an lumierẹ vnẹ Aritmẹ-
tiquẹ, an laquelẹ combien quẹ mon Exam-
plerẹ èt etẽ ſuiui dẹ prẹs, ſi ẹt cẹ qu'il faut
quẹ jẹ confèſſẹ, quẹ juſquẹs ici nẹ mẹ ſuis crù
moẹmémẹ, n'oſant, commẹ j'è dìt ici, ẹtrẹ ſi
antrẹprẹnant dẹ primẹ facẹ. Or an cẹ mien
Dialoguẹ les lecteurs connoẹtront antierẹ-
mant mon opinion : dẹlaquelẹ iz prandront
cẹ quẹ bon leur ſamblẹra : combien qu'a peu
prẹs par cettẹ Ecritturẹ, on la puiſſẹ conje-
cturer. Mẹs par cẹ quẹ j'an veús fẹrẹ ouir

les rézons d'une part e d'autre bien au long : e
disputer des causes de l'Ecritture corrompue:
itam de notre prolation : E parmi cela, d'autres poins appartenans a notre langue, j'espe-
re que les lecteurs s'an contanteront mieus
que de cet A nuoe simple comme il ét. Le
plus de mon attante n'ét pas d'etre an tout fa-
vorisé: car je n'ignore point la difficulte qui j
pand: Mes bien m'attans je, que quand toe e
moe, e ancores autres apres nous, auros longue-
mant traualhè, il se pourra former an fin quelque resolution, sinon toute parfette, atout le
moins reçeuable : ni plus ni moins que quelques Filosofes disoèt toutes choses proceder de
contrarietez. E si tele opinion ét pour auoèr
lieu de verite, il sera trouuè bon que toe ou
quelque autre ne m'epergne point la ou il trouuera fondemant: an prattiquant le mot tout
commun du Filosofe, lequel se dit ami de So-
crate, e ami de Platon: mes sus toutes choses,
de la verite. A dieu Louis Meigret. De
Poetiers, Ce cinquiéme de Ianuier 1549.

PREMIER LIVRE
de l'Ortografe e Prononciation Fran-
çoese par Iacques Peletier du Mans.

IL y à aſſez long tans que j'auoęe deli-
berè de męttre par ecrit les ręſons de l'Ortografe Françoeſe, telęs que de lōgue mein
les auoęe pourgęttęs e deduittęs aparmoęs
e dont j'auoęe pluſieurs foęs fęt mantiō e
prōméſſe a mes familiers amis. Męs an
gardant touſjours mes opinions, e lęſſant mú-
rir mes inuantions, einſi que font coutumie-
ręmant ceus qui veulęt ecrire quelque choſe: la dilation, au lieu de m'aſſurer e me preparer a les dęuoèr męttre an euidancę, fútę
aucontrere, cauſę que pour quelque tans ję
me ręfroędì, e mís arriere mon premier propos e antrepriſe: par ce que de jour an jour
ellę m'an apportoęt quelque occaſion nouuęllę. L'une etoęt, que la matiere qui de ſoę bien
appartęnoèt a tout vn Peuplę, routęſſoęs e-
toęt legere: qui etoęt de grand labeur, tou-

C ĩij

rǫffoęs ſans grand meritę: qui etoèt dę neceſſite, toutęffoęs dę controuęrſę a pluſieurs o-
dieuſę. E puis ję ſauoę bien qu'ęllę etoèt
antrę les meins d'autręs quę dę moę. Léquéz
męmęs m'auoęt deſja preugnù. Auęq cęla
ję ręgardoęs quę combięn ancor' qu'ęllę ùt
ęté d'importancę, ſi n'etoèt ęllę capablę d'ornęmans ni elegancę aucunę. E pour lę dęrnier, ję mę propoſoęs l'opinion communę, quę
cę n'ęt lę moyen dę gardęr ſa dinite quę d'ã-
ſeigner. On ſęt qu'il faut dę neceſſite antrer
par la Grammerę an la connoęſſancę des diſciplinęs : e toutęffoęs quand on ſę voèt hors
d'apprantiſſagę, l'unę des pręmieręs choſęs
quę lon fęt, c'ęt dę ſę mocquer dę ceus qui la
montręt, e lę plus beau nom qu'on leur donnę bien ſouuant, c'ęt Magiſtęr. E pour monter plus haut, cęlui qui veùt étrę Orateur, nę
ſę ſauroèt paſſer d'aller a l'ecolę du Retori-
cien: męs quand il an ęt ſorti, e qu'il à gagnè
quelquę cauſę ou deus an plein Senat, a grãd
peinę lui ſouuient il dę ſon mętrę: e ęt dę fęt
reputè plus haut par ſus lui quę lui męmę, nę

s'estimoèt bas, quand il ètoèt par lui rèpris,
raddressè, e quelqueffoès chatiè. Cōmē nous
voyons des Escrimeurs: (car souuant les pē-
titēs chosēs sē comparēt assez pertināmant
auēq les grandēs): léquēz ont montrè an
leurs sallēs a vn grand nombrē dē jeunēs
personnagēs aujourdhui tant addētrēs aus
armēs: dont les vns sont Lieutēnans pour lē
Roē, les autrēs Gouuērneurs, les autrēs Ca-
piteings, les autrēs Portanseignēs: e brief
vnē grand partiē du restē an bon lieu pour
sēruir leur Princē: cē pandant quē leurs ha-
bilēs montreurs dē meurēt Escrimeurs pēr-
petuēz: e leurs disciplēs ont l'honneur, la fa
ueur e l'auancēmant qui prouient dē leur art.
Toutēs ces causēs jointēs ansamblē m'ont
tousjours decouragè d'ecrirē mes cōceptions
jusquēs a tant quē j'è contrēpansè e donnè pla
cē a cēlles qui mē dēuoèt induirē a lē fērē.
Antrē léquelēs à etè l'unē, quē combien quē
lē titrē nē soèt ni grauē ni magnifiquē, si ét
cē qu'il nē sē peùt bonnēmant tretter, sanē
parler parmi cēla d'autrēs poinē bien bonē

dinges d'ętrę fuz: Commę dę la Prolation,dę
l'acception ę differancę des moz: chofę qui
appartient a la ftructurę dę toutę la languę.
E puis ję mę fuis toufjours attandù dę ferę
trouuer meilheur cę quę j'andiroęę, au moy-
en dę la dispofition e traditiuę quę j'auoęę a
obferuer, laquelę fi ję nę fuis dęçù, pourrà
donner quelquę lumiere, gracę, e honneur au
fuget. I'antans la formę dę Dialoguę: la ou
ję n'introdui point pęrfonnagęs feins ni ob-
fcurs, męs qui font tous dę connoęffancę chacun an fon androęt pour lę plus fuffifant, e
pour hommę dę plus grãd efprit:auęq léquéz
j'è longuęmant e familieręmant, frequantè, e
par diuęrfęs foęs difputè la prefantę matierę. E puis bien porter témoignagę pourcha-
cun d'eus, fans mę mõtrer fufpect d'affection,
quę parauanturę an Francę nę fę trouuęront
deus autręs peręs d'hõmęs, qui fachęt mieus
quę c'ét dę notrę languę, nę qui l'ét mieus
excęrceę, les vns d'eus par ecrit, e les autręs
par etudę, quę les quatrę quę j'è ici fęt parler. Surquoę mę fuis panfè quę fi les propoz

que j'è a rediger ont etè tenùz, e debatùz,
antre téz personnages, je ne doè point auoèr
de honte de les ecrire : Car l'Ecritture n'à
point de preeminance parsus la parolle, quād
les choses sont presuposegs pareilhes. I'antans quand la parolle vient des hommes de
jugemant e de sauoer: e qui èt non seulemant
demenez antre eus, mes aussi premeditez:
laquele etant tele, certeinemant merite ètre
mise par ecrit, ou bien n'à point meritè
du tout d'ètre ditte, principalemant an tel
apprèt ni an tele assamblee.
Quant au peu de dinite qu'apporte l'office
d'anseigner, oui bien, si c'etoèt comme an v-
ne Ecole : Mes si c'èt an amonnetant, an de-
mandant ou interrogant : si c'èt an commu-
niquant ou bien an lisant ansamble, ou an e-
coutant : e que par la, vous ayez moyen de
randre les hommes meilheurs, je ne voè point,
pourquoè vous ne le facièz, mémes par forme d'anseignemant. Dauātage, qui sera celui qui se montrera si dur e si sauuage anuers
moe, de ne me vouloèr fere ce passedroet, qu'ø

prȩs auoèr mís an lumierȩ choſȩs plus ſerieu-
ſȩs,e cȩ pandant quȩ jȩ m'aprȩ́tȩ a an publier
d'autrȩs, e auſsi durȃt les troublȩs publiques
qui redondȩt a mon annui priue, jȩ n'ȩȩ point
a m'addonner a oȩſiuȩte, choſȩ quȩ jȩ nȩ puis
fȩrȩ, ou a melancoliȩ,a laquelȩ jȩ rȩſiſtȩ,plus
tót qu'a m'ampeſcher aus lȩttrȩs e a l'etudȩ.
D'autrȩ part combien quȩ la hauteur dȩ tous
ars excȩllans nous ſoèt plȩſantȩ, commȩ cȩllȩ
des arbres,e nompas les racings ou les gettons,
ſi ȩ́t cȩ pourtant quȩ ſans eus ȩllȩ nȩ peùt ȩ́trȩ.
Outrȩ cela, il faut quȩ tous ceus qui ſȩ mȩ́llȩt
d'ecrirȩ, auouȩt quȩ cȩ quiz ecriuȩt nȩ tand
a autrȩ fin quȩ d'anſeigner (de la delectation
jȩ n'an dì rien ici): ou ſíz veulȩt quȩ j'úſȩ
d'un autrȩ mot, mȩs qui vaut tout autant,
d'inſtruirȩ.   Dauantagȩ, j'eſperȩ mȩ gou-
uȩrner dȩ telȩ ſortȩ quȩ ceus qui ſȩ voudront
arrȩ́ter a lirȩ mes ecriz an tirȩront tel fruit,
quiz an apprandront lȩ meilheur e lȩ plus dif
ficilȩ qui ſoèt an la prolation Italiennȩ e E-
ſpagnollȩ.   E puis bien donner quelquȩ aſſu-
rancȩ dȩ cȩci: par cȩ quȩ j'è ù lȩ Petrarquȩ,

ḷe Boccaçe ḷ'Arioṣṭe ṣi familiers, e auęq çęḷa
mę ṣuis approchè ṣi pręs dę ceus qui parloęt
ḷ'Italien, quil nę ṣauroęt ętrę quę ję n'an úṣṣę
appris quelquę choṣe : Quant a ḷ'Eṣpagnoḷ,
j'é pręmieręmant ù a Paris an ma compagnię
g'ans dę la nation : e dępuis è etè a Bordeaus
auęq ḷę ṣigneur Ian Gelida, duquel nę mę puis
tęnir dę fęrę louablę mãtion, pour l'antieręte
e dę bõnerętę egalḷęs au grand ṣauoèr : e quãd
e quand, auęq autręs dę ṣon païs qui etoęt an
ṣa mę́ṣon. Par ḷę moyen déquéz, apręs auoèr
ḷù ḷę Courtiṣan ecrit an la languę, e ancoręs
damę Celeṣtinę e quelquęs autręs trettez par
ci par la, j'an è aṣṣez bien apris la prolation.
Einṣi j'eṣperę quę mon labeur ṣęruira aus
troęs nations, an comparant e rapportant çę
qu'il j aura dę difficulte e dę diuęrṣite e au-
ṣi dę reṣṣamblancę an ḷ'Ecritturę e Prononciation dę toutęs les troęs.   Pour donq' fęrę
commancęmant dę propos, ḷ'anneę e ḷę moęs
quę ḷę trecretien Roę Françoęs alla dę vię a
trępas, e quelquęs jours auparauãt lui Han-
ṣi Roę d'Anglętęrrę, duquel par comman-

dęmant du Roę lors ancoręs viuât, ou dę ceus
qui auoęt chargę dę lui, ję fi l'oręson funebrę
an l'Eglisę notrę Damę dę Paris an telę compagnię e solannitę quę les Roęs doęuęt les
vns aus autręs, ję mę deschargè dę la prin-
cipaute du Collegę dę Bayeus, an l'vniuęrsi-
te dę Paris, a dirę la veritę souz intantion
dę m'an aller voęr le pais, sęlon lę dęsir quę
j'an è tous jours ù, e lę mozen quę j'an auoę
pour lors an plus d'unę sortę, męmęs a la suitę
des pęrsonnęs dę grand affęrę qui partiręt a-
pręs la mort du Roę tant publiquęmant quę
priuemant, pour aller an Italię: Combien quę
quelquę antręprisę quę j'ussę sęttę, si nę sút
il an mon pouuoęr dę lęsser Paris, d'un an e
dęmi apręs: etant par doussę forcę rętęnù es
liens dę tant dę sortęs dę compagnięs d'honneur, dę vęrtu, dę familiarite, e dę recreation. E me rętirè tout pręmięręmant chez
l'Imprimeur Vascosan par occasion, qui etoęt
dę mettrę sus la pręssę e assister a l'impressiõ
dę mes euuręs Poetiquęs, lęquéz j'è einsi inti-
tulèz non par aucunę arrogancę, commę il à

e d'auisa quelques jeunes nouices de Poesie
qui veulet commancer a auoèr anuie de reprandre plus tót que d'apprandre, mes seulemant pour fere differance de mes euures Ma
tematiques, léquéz j'è antamèz depuis peu
de tans ança, aueq intantion, Dieu eidant, de
les poursuiure tout par ordre. Ce qui m'aug-
manta l'occasion de prandre ce logis, fùt que
la dedans se tenoèt Ian Martin, l'un de ceus
que j'è introduiz an cètui Dialogue : e auons
fèt compagnie l'un a l'autre tout vn tans, an
tele fruition de joyeuse honnètète, que si je
pansoèe etre venù desapresant a tout le bien
que Fortune me garde, e que vertu e labeur
me preparèt, tant qu'il ne me fallùt point
chercher les moyens d'an auoèr dauantage : je
me voudroèe resoùdre a ùser ma vie aueq' luì
a la suruiuance de nous deus. C'ét vn homme
qui à ètè la plus part de son áge aueq' les Am
bassadeurs de France, an Italie, an Espagne
e an Angletèrre : qui à etè domestique des
personnages qui ont ù les afferes an manimàt.
Au moyen de quoe il à acquis tele usance, tel

antrẹg'ant, telẹ gracẹ e jugẹmant, quẹ les
Signeurs du Royaumẹ pour grans qu'iz soẹt,
ont grand plẹsir e contantẹmãt dẹ l'ouir parler e dẹ l'auoẹr anleur compagniẹ. Pansẹz
donq' quelẹ delectation jẹ pouuoẹ' rẹlz̄eulhir
etant auẹq' lui ! quelẹ doußeur cẹ m'etoẹt,
d'auoẹr trouuè vn cõpagnon e ami quotidien
qui antãdit tant dẹ bonnẹs chosẹs, e qui sũt
si bien user dutans e des pẹrsonnẹs! quelẹ vo
lupte cẹ m'etoèt dẹ l'ouir raconter les rusẹs,
les addressẹs e moyens, déquéz auoẹt vsè tãt
dẹ signeurs (car il auoèt tousjours etè secre-
terẹ des Ambassadeurs) e dont iz souloẹt
vser an leurs plus vrg'ans affẹrẹs, e l'issuẹ qui
an etoẹt ansuiuiẹ. E a fẹrẹ ce grand contẹ
dẹ lui mẹtẹnoẹt compagniẹ meins autrẹs pẹr-
sonnagẹs d'estimẹ qui lẹ vẹnoẹt voèr dẹ jour
an jour, léquéz jẹ nẹ nommẹ ici. Mẹs j'è
bien lieu dẹ nommẹr Teodorẹ Dẹbẹzẹ, lẹquel
ayant logis proprẹ e commodẹ, toutẹffoęs ùt
anuiẹ dẹ s'approcher dẹ nous, e mémẹ dẹ vẹnir fẹrẹ sa tablẹ auẹc nous, la ou nous fumẹs
tout vn juẹr, continuans non seulẹmant les

propos qu$ nous foulions tenir Ian Martin e
mo$, m$s encor$s an refréfchiffans e inuan-
tans de jour an jour d$ tous nouueaus auec-
qu$s lui homm$ tel qu$ fes ecriz l$ montr$t:
homm$ heureus an dons d$ grac$, d$ Natur$
e d$ Fortun$, e qui $t chof$ rar$, eftimè an-
tr$ l$s homm$s tel qu'il etoet : Brief les per-
fectiõs qu'il auoèt, etoèt fi bien cõioinct$s en
lui, e fntrdõnoèt tel eid$, qu'en tout$s com-
pagnis, mm$s des plus grans d$ Paris (ou
vertu doèt etr$ prifc$ ou alheurs non) il e-
toèt bien vù, prifè e honorè.   Qu$ dirè j$
d$ la bonn$ grac$ e honn$t$te, du pront e a-
uife efprit d$ D$nis Sauuag$? ami fi r$quis e
fi bien v$nu an notr$ compagni$, qu$ jam$s
nous n'etions anfambl$ fi peu qu$ rien, f'il n'i
etoèt qu'incontinant l'un d$ nous a l'anuj n$
fit mantion d$ lui, e folicitát d$ l'anuoier
qu$rir.   E par c$ qu'il antandoèt bien qu$
nous n$ nous fûßions, pù paffer d$ lui, il f$
prefantoèt pour l$ moins vn$ fo$s l$ jour a
nous, quelqueffo$s d$ grac$ deus è tro$s.
Brief, nous, fefions vn$ conu$rfation tous

D

quatrę anſamblę ſi bien vnię, qu'a grand
peinę út on pù trouuer l'un dę nous ſans ſon
cõpagnon .   Lę ſigneur Dauron feſoęt
quelquęffoęs vn cinquiémę; męs non pas ſi ſou
uant:dont ni auoęt cęlui dę nous qui nę lę ſou-
hęttát a tous coús pour l'honneur e amitie quę
nous lui portions, an general e an particuler.
Męs lui etant pour tęnir compagnię a mon
ſigneur l'Euęquę dę Mõmpelier qui etoęt
lors a Paris, dęmourant loing dę l'Vniuęrſi-
te, n'auoęt lę loęſir ſi ſouuant quę lę dęſir dę
nous vęnir voęr.   Quant a nous, c'etoęt notrę ordinerę lui etant auęcq' nous, d'apprandrę touſjours quelquę choſę memorablę dę
lui, par cę qu'il etoęt tout reſolu es languęs
non ſeulęmant lęttręęs, męs auſſi vulgueręs:
puis an toutę ſortę dę Filoſofię, an loęs, e
męmęs an notrę Matematiquę: brief ſi bien
inſtruit an tous androęz qui appartienęt a
l'ornęmant dę l'eſprit, qu'il n'i auoęt cęlui
des troęs quę j'ènommèz, e moę ancoręs cę
croęję plus quę nul d'eus, qui n'út an honneur
e admiration ſes pęrfęctions. An ſommę,

ȷ'è occaſion , e verite mę commandę dę dirę
cę quę ję dì dę ces quatrę perſonnagęs. Iz
ſont ancoręs tous an vię cõmę il pleſę a Dieu,
e męmęs an jeuneſſę, déquez Ian Martin ęt
lę plus áge. On peut ſauoèr ſi cę quę ję dì ęt
vrei ou non. Leurs euuręs e leur ręnom gardęt quand ję diroę d'eus ancoręs dauantagę, qu'hommę nę mę puiſſę demantir. Or ęt
il qu'vn jour nous etans tous anſamblę, fors lę
ſigneur Dauron, dęuiſans dę pluſieurs propos dę recreation an la chambrę ou nous auions dę coútumę dę nous rętirer Ian Martin
e moę, ȷ'auiſę ſus la tablę vn liurę dę męs Euuręs Poetiquęs, qui nę feſoęt quę ſortir dę
dęſſus la preſſę: lęquel ję prins antrę les meins
par manierę dę contęnancę, e mę mì a lirę
dędans par ci par la: e an tournãt les feuthęz,
ję chang'oę quelquęffoęs dę gracę. Lors lę
ſigneur Sauuagę qui m'auiſa, commança a
dirę. Voyèz dit il, lę ſigneur Pęlętier qui
montrę lę ſamblant d'un hommę mal cõtant.
Lors tout ſoudein l'ayant antandù ję lęſſę
mon liurę, e commę voulant obuier a toutę

D ij

fanté się qu'il ut pù auoèr dę cę qui etoèt vrei,
lui repondi. Dę quoę pansèz vous, di ję, signeur Sauuagę, quę ję puissę étrę mal contant? Ię nę sę dit il, Męs si semblę il bien a
voèr votrę gracę, quę vous n'aièz pas votrę
contę: E si n'etoèt quę vous lisièz dę votrę
ouuragę, j'estimęroę quę vous j trouuièz
quelquę chosę qui nę vous plęsoèt point.
Commant di ję, M'estimèz vous si amoureus
dę cę quę ję fę́? trouuez vous chosę nouuęllę
quę mon proprę ouuragę nę mę plę́sę? A
grand peinę, dit il, cuidęroę ję quę cę quę
vous auèz fęt par longuę deliberation, e dę
votrę bon gre, commançát si tót a vous dę-
plerę. Autręmant cę sęroèt inconstancę a
vous: Toutęffoęs ję nę sę bonnęmant qu'an
pansęr: Męs par cę quę vous n'auièz point
d'autrę obget pour vous fęrę deguiser la con
tęnancę, quę votrę liurę, j'è occasion dę juger qu'il etoèt causę dę cęla: Męs ję vous
pri confęsser la verite, e nous dittęs quę c'ét.
Quand ję mę santi decouuęrt, e qu'il n'etoèt
point pour san terę ęsęmant, ję lui dì.

Vrémant Signeur Sauuagé, Puis qué vous
mé conjurèz einſi, jé conféſſé pour cé coup
qué cé qui m'à plus eidè a mé changer la che-
ré, à etè cé qué j'è vù dédans mes euuré̃s qui
n'etoèt pas mien. Lors lé Signeur Ian Martin
prénant la parollé, Si né croé jé pas dit il,
qué vous etant preſant a l'impreßion ayèz
ſouffért qu'on j'èt mis choſé qui né ſoèt vótré.
Si è, di jé, jé l'è ſouffert, e malgre moé : dont
jé né ſuis a mé répantir : Car il mé ſamblé
qué quand on apporté quelqué liuré a vn Imprimeur, lé moins dé gracieuſété qu'il puiſſé
feré, ét dé ſuiuré la Minuté dé céluy qui l'à
fèt, e qui lé lui donné. Incontinant lé ſigneur Débezé an ſouriant, I'antans bien
meinténant, dit il, qué c'èt qui fèt mal au ſigneur Pélétier : e an ſé tournant vers moé,
Vous vous pleignèz, dit il, qué lés Compo-
ſiteurs dé l'Imprimérié n'ont pas voulù com-
pleré a votré manieré d'Ortografé. Més
il mé ſamblé qu'iz vous ont fèt grand pléſir :
Car il j à beaucoup dé Lecteurs qui úſſét dif-
ferè a liré votré Liuré, ſ'il út etè ecrit a vo-

D iij

tre modɇ, par cɇ quɇ cɇla les út gardèᴢ d'antandrɇ pluſieurs paſſagɇs : e pareinſi íᴢ ſan
fuſſɇt faſchèᴢ . l'auroɇ' dɇquoɇ ɇtrɇ marri,
di jɇ, ſigneur Dɇbɇᴢɇ, ſi pour cɇla il pouoèt
ɇtrɇ einſi quɇ vous dɇuinèᴢ : Car j'antans
bien quɇ mes ecriᴢ nɇ ſont pas trop díngs
d'ɇtrɇ lùᴢ, e qu'an toutɇs ſortɇs il n'i aura
pas grand préſſɇ. Mɇs j'úſſɇ panſè quɇ votrɇ opinion út etè tout au contrerɇ, quɇ ſi on
l'út imprimè ſɇlon mon intantion, cɇla út etè
cauſɇ quɇ meins hommɇs dɇ loɇſir, e curieus
dɇ nouueauteᴢ ſɇ fuſſɇt amuſèᴢ a lɇ lirɇ,
plus pour l'ecritturɇ quɇ pour la ſuſtancɇ du
ſuget : puis ceus qui úſſɇt etè pour i prandrɇ
quelquɇ plɇſir, ſans cɇla, ou pour an tirer
quelquɇ fruit, nɇ ſan fuſſɇt point degoúteᴢ
pour l'Ecritturɇ. Einſi an toutes ſortɇs
j'uſſɇ plus gagnè quɇ jɇ n'è. Et ancorɇs qu'-
einſi út etè commɇ vous dittɇs, pour lɇ moins
j'uſſɇ etè ſatiffɇt. Mɇs jɇ vous pri", dit il
allors, puis quɇ nous an ſommɇs la, quelɇ ſa-
tiffaction ſi grandɇ pretandèᴢ vous d'unɇ
choſɇ ſi etrangɇ e ſi fort elongneɇ dɇ l'opinion

de tout le monde ? Ie sauroe' volontiers quel
pleʃir vous prenèz a tenir vn trein la ou vous
trouuèz ʃi peu de g'ans qui vous ʃuiuet. Lors
je lui repondi an ʃouriant. Tant plus j doè je
auoèr de contantemant, di je: car je n'an ʃerè
pas ʃi ampreʃʃè. Adonq dit le ʃigneur Ian
Martin, Veritablemant, Signeur Peletier,
a peine pourrèz vous attirer grande compagnie a vous: E tout d'une ʃuitte le ʃigneur
Sauuage, Ie vous aʃʃure que non, dit il: ou
pour le moins iz vous ʃuiuront de bien loin.
I'antans bien, di je, ʃigneur Sauuage, que ʃi
je n'auoe' autre ʃuiuant que vous, j'auroe'
tout loeʃir e conge d'aller dauant retenir les
logis: Mes il n'et pas beʃoin que tout le monde
ʃoèt ʃi dedeigneus comme vous etes. Et ʃus
ces propos vimes antrer le Signeur Dauron,
ʃelon la coûtume e le loeʃir qu'il auoèt de venir voèr la compagnie, lequel apres nous a-
uoèr saluèz e nous lui, commanca a dire, Ie
creins dit il, que vous autres Meʃʃieurs fuʃ-
ʃièz an quelques propos a par vous, que ma
venue vous èt interrompuz. Signeur Dau-
D iiĳ

ron, di ję allors, Nę vous deplęʃę, Ię m'atẽ
tans bien quę votrę preʃancę ʃęra cauʃę, quę
la matierę ou nous antrions ʃęra plus volontiers e plus lõguęmant ʃuiuię qu'ęllę n'ut ętè.
E dę quoę parlièz vous? dit il.   E cę di-
ʃant il s'aʃʃit a la ręquétę dę nous tous, aupręs
du ʃigneur Dębęzę, e nous apręs primmęs
chacun notrę placę.   Adonq ię repondì,
Nous parlions, di ię, de notre Ecritturę
Françoęʃę : e an etions an téz tęrmęs, quę
ʃans votrę vęnuę, il commançoęt a mę prandrę anuię dę mę terę. Pourquoę? dit il. Lors
dit Dębęzę an riant, Dęmandèz vous pourquoę? Pour cę qu'il ʃèt biẽ quę jamęs nę fut vę
nu a ʃon hõneur dę cę qu'il vouloęt ʃoutęnir.
Cę n'ęt pas bonnęmant cęla, di ię, ʃignęur
Dębęzę : car ię nę mę pas ʃi grand honneur
en la victoęrę du differant ou nous etions : E
ʃi vous parlèz dę l'honneur, vous męmęs n'an
uʃʃièz point ù dę mę combatrę vous troę ʃieʃ-
me. Vous ʃauèz qu'an l'androęt ou nous an
etions, vn hommę ʃeul, ancoręs qu'il ʃõęt aʃ-
ʃurè dę ʃon báton, ʃi à il cettę fantęʃię, quę

c'ęt trop ſę męttrę an hazard quand on antrę
an telę diſputę, ſans la preſancę d'aucuns qui
puiſſęt porter quelquę faueur e temoignagę a
ſes réſons e opiniõs. Męs meintęnãt qu'il m'ęt
vęnu du ſęcours, ſi vous voulèz apporter
voz forcęs contrę les nótręs, vous cõnoętrèz
quę vous aurèz plus d'affęre quę vous nę pan
ſęz. Lors Ian Martin, Cę n'ęt pas, mal
auiſè dit il, meintęnãt quę nous sommęs bonnę compagnię, laquelę peùt ętrę ne ſę trou-
ęra dę long tans ſi a propos, quę nous dębat-
tons vn peu les poins qui ſont an controuęrſę
touchant notrę Ecritturę, laquelę ſans point
dę douttę ęt vn peu mal reglę. Lors lę ſigneur Sauuagę vręmant dit il, ję trouuęroę
cęla bien bõ ſi chacun an etoęt d'accord. Męs
il mę ſamblę, dit il, an ſę tournant vęrs moę,
quę vous prenèz deus choſęs a votrę ауanta-
gę, quę vous pourrièz bien trouuęr aucõtre-
rę. Pręmieręmant nous n'auions pas tous deli-
berè dętrę cõtrę vous ſi fort cõmę vous dittęs,
e ſ'an trouuęra, peùt ętrę, quelcun, n'i út il quę
moę qui ſę mõtrępra autãt pour l'un cõmę pour

l'autrẹ : Car aprẹs auoẹr ouï voz rẹſons, j'e-
ſtimẹ qu'ellẹs nẹ ſẹront pas toutẹs ſi imperti-
nantẹs, quẹ jẹ nẹ ſoẹẹ d'auẹcquẹs vous an
quelquẹs paſſagẹs.   L'autrẹ point, ẹt quẹ
vous vous tẹnèz fort du ſigneur Dauron:
mẹs vous ſerièz bien trompè ſil vous contrẹ-
diſoẹt lẹ prẹmier. E croẹ qu'il nẹ ſẹ tiendra
pas a̧ẹ ſẹ declerer cõtrẹ vous an la plus grãd'
partiẹ dẹ voz fantẹſiẹs. Signeur Sauuagẹ
di jẹ allors, Si nous auons a vẹnir la, nẹ vous
ſoucièz quẹ dẹ vous tẹnir ſus voz gardẹs,
quẹ vous mẹmẹs nẹ ſoièz gagnè,e quẹ nẹ ſoièz contreint par rẹſons d'an croẹrẹ , peùt ẹ-
trẹ plus quẹ n'an confẹſſẹrèz : Car quant a
lui,e diſoẹẹ an rẹgardant Dauron, jẹ nẹ ſuis
pas dẹ cettẹ heurẹ a connoẹtrẹ quel ẹt ſon iu-
gẹmant an cẹci. Lors Ian Martin, Puis quẹ
nous an ſommẹs, dit il, iuſquẹs ici, jẹ ſẹroẹ
d'auis ſans perdrẹ plus dẹ tans quẹ nous nous
miſſions antrein. E ſi la compagniẹ etoẹt
dẹ mon conſantẹmant , monſieur Dẹbezẹ
prandroẹt ſil lui plẹſoẹt la peing dẹ parler
pour l'un des cótez. Puis an parlant a moẹ

Içn'accordçrè pas dit il, eſemant qu'on vous
permettç dç parler allancontrç : Mçs puis
quç vous vous appuièz ſus monſieur Dauron, vous ferèz bien dç lui an ceder la char-
gç : car nous en aurons mieus la rçſon quç dç
vous, qui chçrchèz les choſçs dç trop prçs, e
voulèz touſiours auoèr lç meilheur. I'an ſuis
treſbien contant di jç lors, e l'an úßç volontiers priè: mçs jç ſuis bien éſç quç votrç auis
èt preuçnu lç mien.   E donnèz vous gardç
quç lç marche quç vous panſèz auoèr dç lui
nç ſoçt moins a votrç profit quç cçlui quç
vous aurièz de moç : Car jç mç fiç tant an
cç quç jç lui an è ouì dirç parci dauant, quç
j'eſtiç mqu'il nç doçuç rien omçttrç dç cç quç
j'an diroçç, e ſi dira, peùt çtrç ancorçs quelquç autrç choſç par ſus cç quç j'an ſè qui vau
dra mieus, e qui vous fçra plus dç peinç. E ancorçs ſ'il auçnoèt qu'il nç ſauiſát dç tout, j'è
opiniõ quç vous nç voudriez pas m'intçrdirç
ſi etroettçmãt lç parlçr que nç mç dõnaßiez
cõge d'an dirç par les foçs, cç qu'il m'an ſem-
blçroèt pour ſçconder ou aiouter a ſes rçſons.

Non dea,dit Ian Martin: Meſ pour lꝑ moins
nous ſꝑrons aſſurèȥ quãd vous n'aurèȥ point
lꝑ principal pꝑſonnagꝑ , quꝑ vous vous con-
treindrèȥ dꝑ nꝑ parlꝑr point ſi ſouuãt:Par cꝑ
moien nous nꝑ ſꝑrons point an peinꝑ dꝑ repõ-
drꝑ a tant d'argumans trop curieus quꝑ vous
auèȥ.Non jꝑ vous pri',dit lꝑ ſigneur Dauron, nꝑ marchandèȥ point ſans moꝑ a mꝑ balher cettꝑ commiſſion: Iꝑ la lꝑſſꝑ a vous au-
trꝑs meſſieurs qui etꝑs du lȥeur de Francꝑ.
Iꝑ ſè bien quꝑ ſi j'etoꝑ achꝑminè an cꝑ propos, jꝑ nꝑ mꝑ pourroꝑ tꝑnir d'apporter quel-
quꝑs rꝑſons dꝑ notrꝑ pais dꝑ Prouuancꝑ , lé-
quelꝑs jꝑ voudroꝑ meintꝑnir ꝑtrꝑ auſſi bonnꝑs
quant au langagꝑ e Ortografꝑ, commꝑ cꝑllꝑs
dont vous vous eidèȥ an Françoꝑs : e peùt
ꝑtrꝑ quꝑ cꝑla nꝑ ſꝑroꝑt pas trouuè bon.   E
puis la matierꝑ quꝑ vous voulèȥ mꝑttrꝑ ſus
lꝑ bureau mꝑ ſamblꝑ vn peu difficilꝑ a demꝑl-
ler, e cꝑrtꝑs telꝑ qui meritꝑ bien qu'on ꝑt lꝑ
loꝑſir dꝑ premediter les poinȥ qui j'appartie-
nꝑt pour les deduirꝑ par ordrꝑ e a propos.
Quant a moꝑ ſi vous mꝑ contreignièȥ d'an

parler pour cettɇ heurɇ, j'eſtimɇro ɇ̨ quɇ̨ vous
voudrièz vſer dɇ ſurpriſɇ e de forcɇ anuɇrs
moɇ, qui nɇ ſuis pas ici vɇnu pour cɇ̨la. Sauuagɇ repondit, S'il n'i à dit il, autrɇ cauſɇ Signeur Daurõ, qui vous facɇ rɇ̨fuſer cettɇ peinɇ, vous lɇ pɇrdrèz tout contant: Car il nɇ
ſanſuit pas ſi vous n'ɇtɇs dɇ ces procheins
cartiers, quɇ̨ nɇ ſoièz iugɇ competant an lɇ
preſantɇ cauſɇ. N'auons nous pas an Francɇ des pɇrſonnagɇs aſʒez, qui ſauɇ̨t ſi bien
les languɇs vulguɇrɇs qu'an parlant iz, ſɇ fe-
roɇ̨t prandrɇ pour Italiens ou Eſpagnóz, ancorɇs qu'iz ſoɇ̨t Françoɇs? E vous qui auèz
vnɇ languɇ natiuɇ approchant dɇ la Frãçoɇ-
ſɇ̨, qui auèz ja etè ſi long tans en Frãcɇ e frequantè tous les bons lieus, quelɇ excuſɇ aurèz
vous dɇ vous dirɇ etranger? Sauèz vous pas
bien quɇ̨ les eccɇllans auteurs dɇ la languɇ
Latinɇ n'etoɇ̨t pas dɇ Rommɇ? Cicɇron etoɇ̨t
d'un pɇtit villagɇ, qui nɇ vaudroɇ̨t la peinɇ
d'étrɇ nommè ſi n'etoɇ̨t lɇ nom dɇ lui qui an
ɇ̨t iſʒù. Terancɇ etoɇ̨t d'Affriquɇ, Ennɇ
dɇ Calabrɇ, Virgilɇ dɇ Mantouɇ, Catullɇ dɇ

Veronne, Ouide de Peling, Horace de Venousin an la Poulhe, Tite Liue de Padoue: les Lulzeins de Cordoube, Martial de Bilbilhe toutes deus an Espagne: e Ausone de Bordeaus tant loing de Romme. E puis on voèt assez souuant que ceus qui n'ont point vne chose de nature, la font quelqueffoes mieus valoèr que les autres : Car l'affection que nous auons d'i atteindre, fèt que nous i amassons toutes noz forces e i regardons de si pres que nous ne leßons rien derriere : la ou quant nous auons quelque chose chez nous, il nous samble qu'elle ne nous peùt iames falhir : e bien souuant ne nous chaut de la cultiuer. Parquoe si ne voulèz que noz propos soèt leßèz pour votre refus, plus tót que pour votre venue, ne fettes point tant le difficile. E quant a ce que vous alleguèz qu'on veùt vser de surprise anuers vous, deportèz vous de cette opinion : Car aueq cela que vous n'etes de ceus qui sont esèz a surprandre, ancores aurèz vous vn grand auantage, que le signeur Debeze parlera le premier, e ce pandant

vous aurèz loeſir dę ſonger a cę quę vous
dęurèz dirę: E auęc cęla, il vous ouurira
l'eſprit an propoſant les poinz contantieus:
e n'aürèz, cę mę ſamblę, quaſi bęſoin d'autrę choſę quę dę contrędirę: auęq vn peu dę
ręſons, cęla ſantand. Allors dit Dauron
an ſouriant, S'il n'etoèt queſtion quę dę contrędirę, ję n'auroę pas grand peinę: Car la
choſę la plus ęſeę qui ſoèt, c'ęt dę nier hardimant. Męs ſi j'auoeę a parler dę cę a quoę
vous m'inuitèz, ję croę quę je donnęroeę autant dę matierę dę contradiction a mes par-
tięs comme ęllęs a moę. Toutęffoęs quand ję
m'auiſę, ję lęßę l'unę des meilheuręs eſcuſęs:
C'ęt quę lę ſigneur Pęlętier, qui à la matierę
affecteę autant ou plus quę moę, e qui l'à pre-
nuę dę longuę mein auroèt bonnę cauſę dę ſę
pleindrę dę moę, e ſè bię qu'il nę mę pardonę-
roèt point, quelquę choſę qu'il dię ſi j'auoeę
omis tant ſoèt peu dę cę qui cõuięnt a la defan
cę dę ſon parti. Parquoę ję vous pri qu'an
toutęs fortęs j'an ſoę dęſchargè, e qu'il plede
ſa cauſę lui mémę, puis qu'il ęt preſãt. Qu'ap-

pęlèz vous ma cauſę, di je allors, ſigneur
Daurõ? męs dittęs la vótrę, ou pour lę moins
la nótrę. Il ſamblę quę mę veulhèz deſauouer, e mę ferę ręcęuoèr vnę hontę, pour
vous auoèr tirè a garant. Soièz aſſurè quę
vous n'eſchaperèz pas par la. E j à bien vn
point: Cęt quę d'autãt quę lę ſigneur Sauuagę vous diſoęt tantót quę vous n'aurièz metier quę dę ſauoèr bien contrędirę, vous mę
fęttęs deſia croęrę, an vous voiant ſi fort
reſiſter, quę notrę cauſę ſ'an va gagnę, ſ'il
nę tient qu'a cęla. Męs je vous pri' nę ſoièz
point ſi antier an voz eſcuſęs, e nę lęſſèz
point a pãſer a ces bons ſigneurs ici quę vous
vous deſièz dę notrę bon droęt. Bien donq'
dit il, Quę lę ſigneur Dębęz ę commancę
cę pandant ou je panſęrè cę quę je dęurè dirę, ou ſongęrè quelquę autrę deffęttę. Lors
Dębęz ę repondit, Ię ſęroę' moęmęmę bien
contant. dę mę pouoèr exanter dę cettę chargę, ęe nę panſoę' pas quę pęrſonnę ſę důt auiſer dę la mę donner. Toutęffoęs par cę quę
vous ętęs tous ſi ampreſſans e ſans remiſſiõ

an l'androęt dę monſieur Dauroñ, dę pęur
quę ję vous epreuuę téz anuęrs moę, j'emę
mieus fęrę bonnę mine an mauuęs jeu, quę
vous fęrę panſer quę m'aièz fęt fęrę vnę
choſę par forcę. Auęc cęla bien ſachant
quę j'è tous les Françoęs pour moę, e quę j'è
a aller par lę grand chęmin, ję n'è point dę
pęur quę ję n'aię lę meilheur ſans combattrę
gueręs long tans.   Ię ſuis bien ęſę, di ję a-
donq, dę cę quę vous vous tęnèz aſſurè. Męs
auiſèz bien auſſi quę vous n'aièz affęrę à
g'ans qui vous montręt quę lę grand chęmin
n'ęt pas toſjours lę plus court. E outrę cęla
quę vous n'aièz pas tằt dę Françoęs a votrę
eidę commę vous cuidèz.   Pręmieręmant
ces deus ici, e diſoęt Ian Martin e Sauuagę,
n'oſęroęt ſę declarer d'auęc vous, juſqu'a la
fin du jeu: Car il mę ſamblę qu'iz i ont re-
noncè an acceptằt quę vous e lę ſigneur Dauron parlęrièz tętę a tętę.   Męs affin quę ję
n'allongę point lę tans, ję vous prì commancer a parler, e nous dirę lęquel vous emèz lę
mieus ętrę interpęllè par les foęs, ou bien, di-

E

rø tout d'un fil cø quø vous auèz a dirø. Iø
suis plus contant dit il, quø jø soøø interpøllè,
quand quelcun trouuøra bon dø parler, soèt
pour mø søconder, pour m'auørtir, ou pour
mø raddresser : Car dø quoø søruirièz vous
ici tous? Sauèz vous pas quø les meilheurs
døuis qui puissøt étrø antrø g'ans d'esprit, e
déquéz il sø tirø plus dø resolution, c'øt allors
quø chacun à libørte dø contredirø quand
bon lui samblø? Car il n'i à cølui qui nø sø
santø l'esprit ouuørt a former quelquø difficulte ou a rabbatrø les røsons qu'il oèt dirø,
ou an sommø a apporter quelquø chosø du
sien, au moien des propos qui néssøt les vns
des autrøs.   Bien, di jø, vous sørèz inter-
pøllø, nommémant si vous vous enhardissèz
dø dirø chosø qui nø soèt bien soutønablø: car
s'il vous auient soièz assurè quø vous n'aurèz pas fautø dø raddresseurs.   Adonq' lø
signeur Døbøzø commança a parler einsi.
Ceus qui antrøprenøt dø corriger notrø Or-
tografø, antant quø jø puis connoétrø leur intantion e fantøsiø, nø tandøt a autrø fin qu'a

rapporter l'Ecritturę a la prolation: e par cę
mõien iz taſchęt a an óter la ſupęrfluite e a-
buſion qu'iz diſęt i ętrę .   E an cę feſant, il
faut quę cę qu'iz veulęt ferę ſoèt an faueur
des Françoęs, ou des etrangers, ou bien peut
ętrę, dę tous deus .   S'iz lę font an faueur
des Françoęs, il męt auis ſauuę leur bonnę
gracę, qu'iz nę leur font pas ſi grand pleſir
commę iz panſęt : Car les Françoęs, pour
ętrę dę ſi long tans accoutumèz, aſſurèz e
confirmèz an la modę d'ecrirę qu'iz tienęt
dępreſant, ſans jamęs auoèr oui parler dę
complcintę ni reformation aucunę, ſę trouuęront tous ebahiz, e panſęront qu'on ſę veulhę moquer d'eus, dę la leur vouloèr óter einſi
a coup. E non ſans cauſę, par cę quę l'Ecritturę ęt autant communę antrę les hommęs a-
pręs la parollę, qu'aucun autrę art, eccęrcicę
ou habilęte qui ſoèt an leur manimant. La
pręmierę choſę qu'on montrę aus petiz anfans, quand iz commancęt a parler, c'ęt a lirę, puis a former leurs lęttręs .   Il n'i à etat
ni metier qui n'inuitę ſon hommę a appran-

E ÿ

dre l'Ecritture pour la neceſſite: Les Fam-
mes mémes qui n'en ont bonnemant autre af-
fere, par ce que leurs mariz, ou autres leurs
domeſtiques, ſuppliet cela pour elles, touteffoes an veulet ſauoèr par vne curioſite natu-
relle que chacun à d'ecrire. Meintenant
ſi vous introduiſèz nouuelle façon d'Ortografe, il faut qu'a toutes ſortes de g'ans, ſin-
gulieremant a ceus qui eſtimet la voee com-
mune étre ſeule, e la meilheure qu'on doeue
ſenir, il fault, di je, que vous leur otèz tout
par vn moien la plume hors des meins, ou qui
ne vaut gueres mieus, que vous les mettèz a
recommancer : Telemant qu'au lieu de leur
gratifier, vous les mettrèz an peine de deſap-
prandre vne choſe qu'iz trouuet bõne e eſee,
pour an apprandre vne faſcheuſe, longue e
difficile, e qui ne leur pourra apporter que
confuſion, erreur e obſcurite. Comme par
example, combien de Françoes ſe trouueront
iz, léquéz de preſant ſachans trop bien que
c'èt que ces moz eſtre, tampeſte, hoſte, nai-
ſtre, qui ne ſauront que ce ſera quand iz li-

ront etrę,tempetę,netrę e hotę ſans ſ? Quãd
íz voęrront et pour la tiercę pęrſonnę ſingulierę du vęrbę Suis, e et pour la tiercę pęrſonnę dę aię futur optatif dę Auoęr (car on
les prononce tous deus d'ungę ſortę) combien
ſęront íz a dęuiner quę cęla ſiniſiera? Quand
íz voęrront ces moz, veus, deus, ſaus, non
ſeulęmant par ſ a la ſin au lien dę z ou x,
męs auſſi ſans l precedant, quę panſęront íz
quę cę ſoęt ? Tantót íz les prandront pour
moz etrangęs ou nouueaus : tantót íz prandront vnę ſiniſication pour autrę, ou bien liront la lęttrę n pour la voięllę u qui fęt la diftonguę auęc e: commę pour deus, veus, ſaus,
íz liront dens, vens, ſans: Car chacun ſèt bien
quę la lęttrę vulguerę des Françoęs quíz ap-
pęllęt lęttrę courantę, pour ętrę fort legerę e
hátiuę, nę fèt point dę diſtinction dę la
voyęllę u auęc la conſonantę n: qui ęt dę ſer-
mer l'ungę par bas e l'autrę par haut, cę quę
lęs Françoęs n'ont loęſir d'obſęruer an ecriuant courammant.   Auſſi n'ęt il neceſſerę
dę ręgarder dę ſi pręs a peindrę les lęttręs

E iÿ

la mein: Car il ſuffit quę nous la puiſſions lirę
antrę nous, d'autant quę cę n'ęt pas choſę qui
ſortę hors dę Francę, au moins qui ſ'addreſſę
a autręs qu'aus Françoęs. Ioint auſſi qu'il
n'ęt pas poſſiblę dę fęrę la difſęrancę ſi exa-
ctęmant a la mein commę au moulę. Or ſi
telę manierę d'ecrirę ęt pour induirę an erreur les Françoęs męmęs quę dęura ęllę fęrę
an l'androęt des etrangers qui voudront apprandrę la languę? Panſèz ſi c'ęt lę moien
dę les ſoulager, e dę leur abbręger lę tans e la
peinę, e ſi c'ęt lę chęmin qu'il faut prandrę
pour leur fęrę trouuer goút an notrę Françoęs. Męs plus tót quę ceus qui ſę montręt
ſi curieus dę complerę, auiſęt bien qu'il nę
leur pregnę tout aurębours dę leur intantion:
Car il ęt cęrtein qu'il n'i à rien qui plus eidę
a antandrę quelquę ſuget quę fęt l'Ecritturę,
laquelę pourautant qu'ęllę ęt pęrmanantę e
inuariable, peùt dõner tout loęſir au Lecteur
dę la voęr e ręuoęr, e examiner tant qu'il lui
plera: dę ſortę qu'a la fin il an puiſſę cõpran-
drę la ſuſtancę e lę ſans: Cę qu'il pourra fę-

rę beau coup plus ęsémant quand l'Ecritturę
aura affinite auęc cęllę dę ſa languę matęr-
nęllę, ou dę quelquę autrę qu'il antãdra, commę dę la Latinę, ou dę la Grecquę : Car la
ręſſamblancę des lęttręs e ſillabęs lui addreſ-
ſęra ſa memoęrę, e lui fęra prontęmant ſouuęnir quę ſamblablę compoſition e proportion
dęura auoęr męmę ou ſamblablę ſinification :
Commę cę mot Temps an i męttant vn p, on
antand tout ſoudein qu'il vient dę Tempus, e
par cę moien on voęt cę qu'il ſinifię. Itam
Aduocat an i léſſant vn d, on fęt connoętrę
qu'il vient dę Aduocatus, e an autręs infiniz,
la ou on nę pourroęt arriuer a l'intellig'ancę
ſinon auęc grandę difficulte, ſi on auoęt e-
gard dę ſi pręs a la prolation : A laquelę ancoręs quę l'Ecritturę telę quę nous l'obſęruõs
púſt fęrę quelquę tort, qui nę ſauroęt ętrę quę
bien pętit, ſi ęt cę quę lęs etrangers ont
bien peu dę reſpet a cęla : Car la plus part dę
ceus qui ont affection d'apprandrę a parler
vnę languę, pręnęt aſſez volontiers la peinę
d'aller ſus les lieus, bien ſachans qu'il n'i à

E iiÿ

Ecritturę au mondę ſi proprę nę ſi curieuſęmant cherchęe, qui puiſſę au vrei e au naif
repreſanter la parollę. Combien dę terminę-
ſons auons nous qui nę ſę ſauroęt exprimer
par lęttrę ni figurę ſinon par proximite e reſ-
ſamblancę? ſi bien quę pour les randrę nous
ampruntons l'officę d'unę lęttrę, nõ pour nous
dęmontrer lę naturęl dę la voęs, męs l'ombrę
ſeulęmant.   E an cęci il ęt bęſoin quę lę ſans
dę l'oreilhę ſapprochę dę la viuę voęs, ſi
nous la voulons ręcęuoęr e comprandrę. E
combien quę nous nę nous auiſons pas ęſcmant
dę cę'a an notrę languę, pour l'accoutumancę e prattiquę quotidiennę e prontę quę nous
an auons tant an la parlant qu'an l'ecriuant:
toutęſſoęs pręnons gardę au langagę Allę-
mant, e nous juggrõs quil n'ęt poſſiblę a hõmę
viuant dę l'apprandrę ſans l'ouir parler.
Ię confeſſę bien qu'an notrę Françoęs nous
n'auons pas des ſons ſi malęſez a rapporter
par ecrit ni an ſi grand nombrę commę ont
les Allęmans, par cę quę leur languę ęt fort
robuſtę, e ſi ſoſę dirę, farouſchę: d'au-

tant qu' ellɇ ɇt einſi qu'on dit, quaſi toutɇ ſans
etimologiɇ, e la nótrɇ qui ɇt doußɇ e delicatɇ,
participɇ quaſi an tout auɇc lɇ Latin. Mɇs
pour tant, quelquɇ conuɇnancɇ qu'ellɇ i ɇt, ſi
à ellɇ des ſons particuliers, quɇ les lɇttrɇs La-
tinɇs nɇ ſont capablɇs d'eſprimer. E partant les etrangers qui ſɇ veulɇt accoutrer dɇ
quelquɇ langagɇ, coútumierɇmant vont voèr
lɇ pais tant pour cɇla, quɇ pour connoétrɇ les
diuɇrſitez dɇ viurɇ, les façons louablɇs, les
beautez e ſituations des villɇs : affin qu'iz
ſan rɇtournɇt plus meurs e mieus inſtruiz e
exɇrcitez : e qu'iz ɇt plus dɇ moiens dɇ fɇrɇ
ſɇruicɇ a leur Princɇ, ou a leur Republiquɇ
quand iz ſɇront amploièz . E quand a
ceus qui nɇ ſont pour prandrɇ telɇ peinɇ quɇ
cɇllɇ la pour ſauoèr vnɇ lãguɇ, ſi ɇt cɇ quɇ ſ'iz
la veulɇt parler, il faut par neceßite qu'iz
ſ'accompagnɇt dɇ ceus qui i ont etè, voɇrɇ dɇ
ceus qui an ſont natíz . Commɇ an l'Italien
qui dɇ tous vulguerɇs ɇt lɇ plus facilɇ, commant pourrons nous apprandrɇ a prononcer
accio che, gli homini, e aßez d'autrɇs manie-

vŕs d'ecriŕ, ſi nous nŕ l'oions dŕ quelcuñ?
ſans quŕ jŕ diŕ rien cŕ pandant des acçans,
des ſillabŕs longuŕs ou briëuŕs, dŕ la gracŕ e
compoſition dŕ bouchŕ, laquelŕ an toutŕs lan-
guŕs ŕt inimitablŕ, ſi nous nŕ l'oions e voions
feŕŕ. Vrŕi ŕt quŕ nous pourrons antandŕ lŕ
langagŕ dŕ nous mémŕs, e i an à aſſez qui ſŕ
contantŕt dŕ l'intŕllig'ancŕ, ſans ſŕ traualher
a la ſauoèr prononcer, ou ſíz nŕ ſan contantŕt, pour lŕ moins iz ſan paſſŕt, cŕ quŕ, peùt
étrŕ, iz nŕ fŕroŕt, ſ'il auoŕt l'opportunite dŕ
ſauoèr dauantagŕ, c'ŕt a diŕ, ſíz auoŕt
g'ans a commandŕmant auŕc léquéz iz púſ-
ſŕt façonner leur languŕ: Car c'ŕt bien peu
dŕ choſŕ a vn hommŕ couuoŕteus, d'antandŕ
vnŕ languŕ ſeulŕmant, e nŕ la pouoèr commu
niquer an compagniŕ familierŕ. Dauantagŕ ancorŕs qu'un hommŕ l'antandŕ e la pro-
noncŕ an la liſant, ſi lui ŕt il bien difficilŕ dŕ
ſan eider pour ordinerŕ, ſans prŕmierŕmant
ſ'étrŕ eccercè a dŕmander e a repondŕ, c'ŕt
a diŕ a dŕuiſer e parler ſouuant: Car an parlãt on à aſſerŕ dŕ moz infiniz qu'on n'a point

vûz dedãs les liurɇs: E puis les tans des ver-
bes ſont maleſez a trouuer ſans les auoèr appris, cɇ qu'on nɇ ſauroèt fɇrɇ ſans l'eidɇ du
parler. An ſommɇ la liéſon e titurɇ des pa
rollɇs ɇt quaſi impoſſiblɇ a apprandrɇ ſans la
frequantation du peuplɇ. Voɇla commant
l'Ecritturɇ ſert dɇ beaucoup aus etrangers
a inſtruirɇ l'eſprit, e dɇ peu a former la languɇ, ſinon an cɇ qu'ɇllɇ à conuɇnancɇ auɇc la
leur, ou auɇc quelquɇ autrɇ qu'iz antandɇt:
ancorɇs cɇla ɇt moins quɇ rien. Voɇla auſſi
commant ɇllɇ nɇ doèt point ɇtrɇ tant ſugettɇ
a la prolation qu'a l'antandɇmant, vù quɇ lɇ
plus quɇ nous rɇtirons dɇ l'Ecritturɇ cɇt l'in-
tɇlligancɇ du ſans. Iɇ puis lirɇ vn liurɇ
tout ãtier ſans an pronõcer vn ſeul mot, d'autant quɇ jɇ mɇ contantɇ du fruit quɇ j'an rap
portɇ an l'Eſprit aiant antandù. Outre cɇla
qui douttɇ qu'il n'i ɇt non ſeulɇmant an Françoɇs mes auſſi an toutɇs languɇs vulguerɇs
pluſieurs lettrɇs qui n'i ſont appliquɇs pour i
ſɇruir, ni pour cɇ qu'ɇllɇs i ſoɇt neceſſerɇs, mes
ſeulɇmant pour i donner gracɇ? einſi quɇ

ſont an notrǫ Frãçoǫs quaſi toutǫs les lettrǫs
doublǫs, commǫ an ces mox Sallǫ, chaßǫ, lieſ-
ſǫ, parollǫ, attandrǫ, aller, rǫßambler, e autrǫs ſans contǫ : la ou la lettrǫ nǫ ſantand
point doublǫ: Car nous nǫ prononcons aucunǫ
lettrǫ doublǫ an Françoǫs, fors r : commǫ an
terrǫ, pierrǫ, arrierǫ, e les ſamblablǫs. Les
autrǫs ſǫ mettǫt pour rapporter les Deriuatiz
aus Primitiz, commǫ an ces mox Deſcrirǫ,
Deſcription, la ou combien quǫ la lettrǫ ſ nǫ
ſǫ prononcǫ point au premier, ſi ǫt ellǫ neceſ-
ſerǫ an tous deus, pour montrer quǫ l'un e l'au
trǫ appartienǫt a méme choſǫ, e ſont dǫ mémǫ
naturǫ, originǫ e ſinification. Autant ǫt il
dǫ ces mox Temps, Tamporel, la ou pour la
mémǫ réſon lǫ p ǫt neceßerǫ an tous deus,
cõbien qu'il nǫ ſǫ prononcǫ point au premier:
autant dǫ la lettrǫ c an ces mox contract e
contracter, dǫ la lettrǫ m an ces mox nom
e nommer, e aßez d'autrǫs. Aucunǫs lettrǫs ſ'ecriuǫt außi pour proportionner les
noms pluriers auǫc leurs ſinguliers: commǫ an
ces nons cocs, laidz, naifz, cheuaulx, noms,

draps, faiɛtz : la ou combien quɇ les lɇttrɇs
c, d, f, l, m, p, t, nɇ ſɇ facɇt point ouir, toutɇffoɇs ellɇs i ſɇruɇt pour montrer qu'iz vie-
nɇt des ſinguliers, coc, laid, naif, cheual, nòm,
drap, faiɛt. Outrɇ cɇla on mɇt aucunɇffoɇs
des lɇttrɇs pour ſinifiɇr la diffɇrăcɇ des moz
commɇ ſont comptɇ e contɇ, déquéz lɇ prɇmier appartient a nombrɇ, e l'autrɇ a ſigneu-
riɇ : Itam croix e croiz, déquéz lɇ prɇmier
vient dɇ crux latin, e l'autrɇ ɇt la ſɇcondɇ
pɇrſonnɇ du vɇrbɇ croɇ̀. Itam gracɇ e graſ-
ſɇ, Grɇllɇ e Grɇſlɇ, e pluſieurs autrɇs léquéz, quoɇ qu'iz ſɇ prononcɇt dɇ mɇ̀mɇ ſortɇ, ſi doɇuɇt iz étrɇ ecriz diuɇrſɇmant pour
les réſons particulierɇs quɇ j'è alleguɇɇs, e
pour réſon generallɇ, qui ɇt l'intɇllig'ancɇ
du ſans. Souuant auſſi on léſſɇ les lɇttrɇs,
ancorɇs qu'ellɇs nɇ ſɇ prononcɇt point, pour la
reuerancɇ dɇ la languɇ dont les moz ſont ti-
rɇ̀z : Car ſ'il ɇt einſi quɇ notrɇ languɇ deſçă-
dɇ quaſi toutɇ du Latin, pourquoɇ ſɇròs nous
ſi nonchalans, mɇs plus tót ſi ingraz d'an
vouloɇ̀r abolir la rɇſamblancɇ, l'analogiɇ e

la cõpoſition? Si les Latins úſſ̷t f̷t einſi, pãſ
ſèz quel̷ obſcurite e cõfuſiõ iz úſſ̷t acquiſ̷
a leur lãgu̷, laquel̷ nous auons aujourdhui ſi
bien poli̷ e regle̷. M̷s nous voions qu'aus
moz quíz ont amprũtèz des Gréz iz leur ont
touſjours l̷ſſè leur Caract̷r̷s originaus,
plus a mõ auis pour l'hõneur qu̷ pour la neceſ
ſite. Vn̷ autr̷ réſon qui m̷ ſambl̷ bien a
propos, ̷t qu̷ l'E crittur̷ doèt touſjours auoèr
j̷ n̷ ſè quoe d̷ plus elabourè, e plus accoutrè
qu̷ non pas la prolatiõ, qui ſ̷ pèrd incõtinãt.
Il faut qu'il i ̷t quelqu̷ differanc̷ antr̷ la
manier̷ d'ecrir̷ des g'ans doct̷s e des g'ans
mecaniqu̷s: car ſ̷roèt c̷ réſon d'imiter l̷
vulguer̷, l̷quel ſans jug̷mant mettra auſſi
tót vn g pour vn i, e vn c pour vn ſ, cõm̷ vn
mot pour vn autr̷, brief qui n̷ gardera ni re
gl̷ ni grac̷ an ſon ecrittur̷, non plus qu'an
ſon parler ni an ſes f̷z ? ̷t c̷ réſon qu'un
Artiſan qui n̷ ſaura qu̷ lir̷ e ecrir̷, anco
r̷s aſſez mal adroèt, e qui n'an antant ni les
réſons ni la congruite, ſoèt eſtimè auſſi bien
ecrir̷, cõm̷ nous qui l'auons par etud̷, par

regl℮,e par excercic℮? S℮ra il dit qu'a vn℮ fã
m℮ qui n'℮t point autr℮mãt l℮ttre℮,nous con-
ced̃os l'art e vray℮ prattiqu℮ d℮ l'Ortograf℮?
S'il ſ℮ f℮ſoèt einſi,il faudroèt dir℮ qu℮ l'ecrit-
tur℮ git au pleſir e nõ point an electiõ.Il faudroèt dir℮ quil ſuffit d'ecrir℮ d℮ tel℮ ſort℮
qu'on l℮ puiſſ℮ lir℮.N'℮t c℮ pas l℮ meilheur d℮
gard℮r la majeſte d'un℮ Ecrittur℮ l℮ plus an-
tier℮mãt qu℮ lon peut? I℮ croè qu'il n℮ ſ℮ trou-
u℮ra hõm℮ ſi contãcieus qui n℮ l℮ m'accord℮.
M℮s j℮ pãſ℮ bien qu'iz ch℮rrõt touſjours ſus
c℮ point qu℮ l℮ moyen d℮ la rãdr℮ plus exquiſ℮
e micus dreſſe℮ e lui garder ſa maieſte, ℮t d℮
la rapporter a la prolation:e qu℮ par c℮la ℮ll℮
approch℮ra plus pr℮s d℮ la dinite des langu℮s
ancienn℮s,léquel℮s ſecriuoèt e ſ℮ pronõcoèt d℮
m℮̃m℮ ſort℮. M℮s qu℮ m℮ repondront iz ſi j℮
leur montr℮ par autorite antiqu℮ e approuue℮
qu℮ la langu℮ Latin℮ (qu'homm℮ n'oſ℮roèt
nièr étr℮ pour l℮ moins au ſ℮cond lieu d'-
honneur antr℮ tout℮s les langu℮s du mon-
d℮) ſecriuoèt autr℮mant qu'℮ll℮ n℮ ſ℮ prononçoèt. E qu'einſi ſoèt qu'on liſ℮ Sueto-
n℮ an la vi℮ d'Auguſt℮ Ceſar ſus l'articl℮

dę l'Ortografę, e on trouuęra quę l'Ampereur nę tęnoęt côtę d'ecrirę ſęlon la modę cô-
munę, męs qu'il ecriuoęt expreſſemant einſi
qu'il pronôçoęt. Duquel androęt onpeùt aſſez
notablęmaut ręlzeulhir qu'il i auoęt diffęrã-
cę dę l'ecritturę a la prononciation. Ię n'an
pourroęt pas moins dirę dę la languę Grecquę commę il ęt manifeſtę a chacun, des lęttręs ν e τ antrę la lęttrę υ e vnę voyęllę: dę la lęttrę π antrę μ e vnę voyęllę: dę
plus part des Diftonguęs qui nę randęt pas a
l'oreilhę cę qu'ęllęs montręt aus yeus par la
formę. E toutęffoęs qui ſęra cęlui qui ſa-
uanturęra dę calonnier l'Ecritturę dę ces
deus languęs? E ici mę ſouuient d'unę autrę
manierę dę g'ans qui ſ'efforcęt dę nous fęrę
a croęre quę nous prononçons mal toutęs les
deus languęs Latinę e Grecquę, e diſęt qu'il
faut obſęruer les Diftonguęs autręmant quę
nous nę fęſons: e ancoręs vnę grãd' partię des
autręs lęttręs, la ou nous commettons, cę diſęt iz, vn abus tout euidant: An quoę nę
mę puis aſſez emęrueilher dę la contrariete

des deus partiẹs. Les vns sẹ traualhẹt a rẹ-
duirẹ l'Ecritturẹ a la prolation, les autrẹs lã
prolation a l'Ecritturẹ : Auisèz qui les
pourra accorder. Voièz quelẹ confusion il
prouient dẹ telẹs inuantions nouuẹllẹs. Cẹr-
tenẹmant c'ẹt an vein quiz sẹ traualhẹt d'u-
nẹ part e dautrẹ. Il ẹt necessẹrẹ e autrẹmant
nẹ sẹ sauroèt ferẹ quẹ les Languẹs (jẹ nẹ dì
point vulguerẹs: car il n'i a cẹllẹ qui nẹ lẹ soèt
ou nẹ l'ẹt etè) mẹs jẹ di toutẹs an general n'ẹt
quelquẹ particulierẹ e Ecritturẹ diuẹrsẹ les
vnẹs d'auẹc les autrẹs: voẹrẹ ancorẹs la ou lã
prolation ẹt pareilhẹ: Commẹ dẹ l'Italien
Tagliata, e du Françoẹs taillẹ : e quand iz
ecriuẹt giamai, e nous jamẹs: che, e nous quẹ:
E telẹs diuẹrsitez santẹt leur naiuẹte: dẹ sor-
tẹ quẹ si nous voulions vnir e conformer l'e-
critturẹ dẹ toutẹs les languẹs, il nẹ nous sẹ-
roèt nõplus possiblẹ quẹ d'accorder lẹs meurs
e naturẹs des nations toutẹs ansamblẹ. Outrẹ
cẹla par cẹ qu'an toutẹs languẹs vulguerẹs j
à cẹrteins sons qui nẹ sẹ peuuẹt exprimer par
lẹttrẹs Latinẹs ni Grecquẹs, commẹ nous di-

F

ſions tantôt, chacuné nation ſ'ét auiſé d'é-
criré ſa langué a ſa modé : e ſuffit qué tous
ceus du païs an ſoét conſantãs : Telémant qué
ſi l'un nous réprand dé notré manieré d'ecriré, nous lé réprandrons dé la ſienné : Car quelé apparãcé i à il qu'an Italié íz ecriuét Tagliata par gli, nomplus qué lé Françoés Tail-
lé par ill? giamai par gia, nomplus qué lé
Françoés jamés par ja? ſinon qué les Italiens
ſont d'accord parantr'eus dé leur Ecritturé,
e les Françoés parantr'eus dé la leur? Sam-
blablémant quelé réſon ont íz dé ſonner lé c
aſpire commé nous ſonnons la léttré q auéc u
ſuiuant, e lé c dauant e, i, commé nous ſonnõs
lé c aſpire? combien qué jé ſoé' dé ceus qui lé
prononcét au Latin commé les Italiens.
Més quant au c aſpire, il ét certein qué leur
prolation né ſant en rien ſon aſpiratiõ. E tou-
téffoés cé ſéroét pourneant antrépris, dé vou-
loér corriger leur Ecritturé, e partant ni la
notré. Ia ſoét qu'an l'uné lé droét conueinqué
lé tort dé l'autré. E par cé qué jé ſuis tombé
ſus ce langagé, les Italiens ont vné prattiqué

d'ecrirę, dę laquelę nous n'oſęrions vſer: c'ęſ
qu'iz ſont hardiz an lieſons dę moz, e qu'an
les joignant iz doublęt touſjours la pręmierę
lęttrę du ſęcond mot quelę qu'ęllę ſoęt: Cõmę
moueßi pour moue ſi : męmęs aucuns d'eus
doublęt la conſonę u, commę auuiſato, auui-
cinato, dicouui: combien qu'iz prononcęt a-
uiſato, auicinato, dicoui : E la réſon qui les
meùt, laquelę n'ęt pas mauuęſę, ęt quę deus
moz qui parauanturę dę ſoę nę ſęroęt propręs a fęrę compoſition amſamblę, la peuuęt
fęrę plus apparammant par lę doublęmant
dę lęttrę : En notrę Françoęs nous n'auons
pas oſè vſurpèr telę liçancę: Nous diſons bien
attandrę, appęler, illuſtrę, affęrę, e les autręs
par doublę lęttrę. Męs an la compoſition des
moz là ou les lęttręs nę ſouffręt lieſon, nous
ſommęs contreins d'i lęßèr la lęttrę original-
lę du Latin, pour donnèr gracę e formę a la
compoſition: Commę quand nous fęſons vn
mot dę la propoſition ā, e du vęrbę joindrę,
nous n'oſons pas męttrę ayoindrę par doublę
ÿ, (commę fęroęt l'Italien ſil prononçoęt l'j

confonę a notrę modę, lęquel doublę-lę g, an
difant aggiungere) męs au lieu d'un j, nous i
lęffons lę d Latin, e difons adjoindrę. Au-
rant ęt il dę cęs moz Aduocat, aduis, e les
autręs. Déquéz fi nous ótons lę d, fouz ombrę qu'il nę fę prononcę point, par mémę ręfon
il faudra óter vn p dę apporter: f dę affectiõ,
e l dę alliãcę: Car fi ceus qui fę fondęt fi auãt
fus la prolation, fę fondęt auffi fus la regularite, commę iz doęuęt fęrę, iz trouuęront
qu'il n'i à point dę réfon aus vns plus qu'aus
autręs: E a cę propos quelę apparancę i auroęt il d'óter la lęttrę f dę cęs moz tref beau,
tref haut, tref nouueau, la ou ęllę nę fę pronõcę point, plus tót quę dę tref humblę, tref af-
fablę, tref illuftrę : vù quę la fillabę tres ęt
pareilhę an toutęs les dictions? Mémęs an
notrę languę nous prononçons e ecriuons di-
uęrfęmant an beaucoup d'endroęz, la ou tous
les plus futtiz reformateurs du mondę nę fauroęt donner ordrę, commę quand nous ecriuons vif, naïf, maffif, e les famblablęs par
f final, combien quę nous les prononçons par

conſonɇ, einſi qu'on connoęt an prononçant
ces moz, Hommɇ d'eſprit naïf, inuentif, e
reſolu: E toutɇffoęs d'i męttrɇ vn v, cɇ ſɇroèt
choſɇ trop nouuęllɇ e abſurdɇ, par cɇ quɇ la
conſonɇ v n'a point cęttɇ application a la fin
du mot, dɇ peur qu'on nɇ la pregnɇ auſſi tót,
pour voyęllɇ quɇ pour conſonɇ: Pareinſi il
nous ęt neceſſerɇ d'amprunter la puiſſancɇ dɇ
la lęttrɇ ſ, commɇ la plus voęſinɇ e proprɇ a
cɇ quɇ nous voulons eſprimer. Nous ecriuons
ſɇcond e ſɇcret par c, e toutɇffoęs nous les prononçons par g. Nous mettons vn d a la der-
nięrɇ ſillabɇ dɇ ces moz, Quand, grand,
chaud, hazard, e autrɇs, e ſi i ſonnons vn t.
Ioint qu'il i à réſon d'i léſſer lɇ d, par cɇ quɇ
les moz augmantez qui an deſçandęt, lɇ rɇ-
tienɇt, commɇ grandɇ, chaudɇ, hazardeus.
Nous prononçons j'irè, jɇ ſɇrè, e brief toutɇs
prɇmierɇs perſonnɇs du futur indicatif par
la voyęllɇ e an la dernierɇ: męs dɇ la i męttrɇ, cɇ ſɇroèt vn chãgɇmant qui troublɇroèt
l'un des bons androęz dɇ toutɇ notrɇ languɇ.
Car la regularite nous commandɇ dɇ garder

l'a an toutes les personnes. Nous prononçons
priet, etudiet e brief toutes tierces personnes
de l'imperfet indicatif venant des infinitiz
an ier : e toutffoes nous ecriuons prioit, etu-
dioit, e ne nous et permis d'an vser autremãt:
Car ce seroet fere tort a l'usage, a la deduction, e a l'intellig'ance des moz. E mêmes
aujourdhui s'an trouuet qui s'estimet grans
Courtisans e bien parlans, qui vous diront
i'allés, je fesés, il diret, il iret : toutffoes si
c'et bien dit, qu'iz i panset, je ne suis ici contre eus ni pour eus. Mes tant i à que je sè bien
qu'il n'i a celui d'eus qui n'ecriue i'allois, je
faisois: il diroit, il iroit. D'autre part nous
ecriuons Fol, sol, mol, col, pol, e touteffoes nous
prononçons fou, sou, mou, cou, pou, vrei et que
nous disons quelqueffoes fol, einsi qu'il s'ecrìt,
qui et quand il s'ansuit vne voyelle: E quant
aus autres nous n'oserions les ecrire autre-
mant, tant pour garder l'etimologie, que par
ce que les feminins de téz noms sont an olle,
comme folle, molle. Souuant aussi nous prononçons des lettres qui ne s'ecriuet point,

Commę quand nous diſons díng ti? ira ti? e
ecriuons díng il? ira il? e ſęroit choſę ridiculę ſi nous les ecriuions ſęlon quíz, ſę pronon-
çęt. Nous nę proferons point l'aſpiration an
ces moz, Hommę, humblę, honneur, hier,
hoſtę, herbę, e aſſez d'autres:e toutęffoęs ęllę
i tient ſa placę dę telę ſortę, quę nous nę l'an
oſęrions óter ſans ſęrę grand' fautę. E n'an
ſaurions randrę autrę ręſon ſi non la reueran-
cę quę nous dęuons a la languę dont íz ſont
deduiz. D'autrę part, ſi nous voulons aui-
ſèr dę pręs, nous nę prononçons quaſi point la
lęttrę n apręs vnę voyęllę, quand ęllę ęt ac-
compagnę d'unę tiercę lęttrę, Commę an ces
moz bons, ſons, contę, condition, confirę, e
tous autręs téz, là ou lęs Gaſcons, Prouuançaus e Perigourdins la i prononcęt appęrtę-
mant: E toutęffoęs nous nę nous ſaurions paſ-
ſèr dę la i męttrę: Car combien qu'ęllę i ſoęt
peu antanduę, ſi ęt cę qu'il n'i à lęttrę qui i
ſoèt proprę quę cęllę la. Par męmę ręſon,
pourquoę ótęrons nous les autręs lęttręs des
moz: léquelęs combien qu'ęllęs i ſonnęt fort

F iiÿ

doußɇmant, toutɇffoɇs n'i ont pas moins dɇ
puiſſancɇ quɇ cɇllɇ la: commɇ la lɇttrɇ dɇ ces
moz, tempeſtɇ, paſte, hoſtɇ, tiſtrɇ, la ou
combien qu'ɇllɇ ſɇ léſɇ peu ouir, ſi donnɇ ɇllɇ
pour lɇ moins a connɇtrɇ quɇ les ſillabɇs ſont
plus longuɇs quɇ cɇllɇs dɇ trompettɇ, patɇ,
hotɇ, tiltrɇ: e ſi à toutɇ telɇ efficacɇ an ſon androɇt cõmɇ nous dißions tantót dɇ la lɇttrɇ n:
ni plus ni moins qu'an ces monoſillabɇs naiſt,
croiſt, paiſt, léquéz ſans la lɇttrɇ ſ qui i
pouruoɇt ſɇ pourroɇt proferer briéz, e reprɇ-
ſanter autrɇ choſɇ qu'on nɇ panſɇroɇt. Laquelɇ fautɇ pourroɇt auɇnir non ſeulɇmant
es moz ſimplɇs, mɇs außi es orɇſons antierɇs,
e principalɇmant a la fin des moz: Commɇ
quand nous diſons, les Frãçoɇs ſont g'ans bien
hardiz: la ou ſi vous prononcèz l'orɇſon con-
tinuɇ chacun ſèt quɇ les dɇrnierɇs lɇttrɇs dɇ
tous les moz nɇ ſonnɇt point fors cɇllɇ du dɇr-
nier. Mémɇs a la fin d'aucuns moz, qui ſɇ
prononcɇt a part la lɇttrɇ ſ, nɇ ſɇ ſonnɇ point
quɇ par vnɇ manierɇ d'allongɇmant e produ-
ction dɇ voɇs, nommémant aprɇs la lɇttrɇ r:

commé an lzeurs, durs, obſcurs: E toutéffoes
dé né la i ecriré point, cé ſéroèt mocquerié.
Parquoè la fantéſié dé vouloèr rapporter ſi
iuſtémant l'ecritturé a la prononciation ſé
trouué ſans fondémät: Car quelé réſon i à il dé
lé feré plus tót au milieu des moz qu'a la fin?
L'oréſon qui ſé prononcé tout d'un trèt, n'à
ellé pas telé naturé e forcé an proferant les
moz, ſans ſarréſter, commé peùt auoèr vn
mot ſeul dé pluſieurs ſillabés, qu'on prononcé
tout aucoup? Cé qué mémes ſe peùt apperce-
uoèr par les moz qué ceus qui vſét dé rimé
an Françoés ont nommèz, aſſez mal proprémant Equiuoqués. commé quand nous depar-
tons Sciancé an troés moz ſi, an, cé, la prolation an ét touté pareilhé : e la ou la lettré
n né ſé prononcé d'un cóte n'i d'autré, ſinon fort tandrémant.   Puis quand nous
diſons par intérrogant, qui eſt cé? nous
né ſonnons pas pleinémant la lettré ſ, ni au-
cunémant la lettré t : e diſons eſſé, commé ſi cé n'etoèt qu'un mot : Més dé léſſer ces
deus lettrés la, ou l'ung d'ellés, il n'i auroèt

point dҿ propos.   Quant a la majeſte quiz
diſҿt étrҿ an la clҿrte d'Ecritturҿ, il mҿ ſam
blҿ tout aucontreve, qu'ellҿ gardҿ mieus ſon
honneur e dinite d'ҿtrҿ vn pęu abondantҿ:
car vnҿ languҿ ſ'an montrҿ plus lҿttreҿ e plus
doctҿ. Nҿ vaut il pas mieus quҿ les nations
etràngҿs an liſant lҿ Françoҿs, connoҿſſҿt
qu'il ſoҿt bien deduit e bien proportionnè a-
uҿc lҿ Latin, ou auҿc quelquҿ autrҿ languҿ
vulguerҿ, quҿ non pas qu'iz panſſҿt quҿ cҿ
ſoҿt vnҿ languҿ ſoliterҿ e ſans ſourcҿ? N'ҿt
il pas vrei quҿ les Françoҿs ſҿront touſjours
reputèz plus politiquҿs, e plus amoureus des
bonnҿs choſҿs, quãd on connoҿtra a leur languҿ qu'iz ont ù cõmunication dҿ toutҿ ancien
nҿte auҿc tant dҿ ſortҿs dҿ g'ans? nҿ jugҿra
on pas a voҿr leur languҿ ſi conjointҿ auҿc la
Latinҿ, qu'iz ont etè curieus des liurҿs Latins, e qu'iz ont touſjours ù chez eus grand'
multitudҿ dҿ g'ans doctes qui leur ont fҿt
leur languҿ? E quҿ lҿ Françoҿs deſçãdҿ tout
a plein du Latin, on lҿ peut tҿnir pour tout eui
dant, par cҿ quҿ nous nҿ diſons quaſi dҿ deus

moz l'un qui n'an ſoèt pris : Commę quand
nous diſons , D'ou vęnèz vous ? Donnez
moę du pein, vin, chęr, or, arg'ant, hommę,
fammę, dirę, ecrirę, bon, haut, court, long,
grand : e brief quaſi tous les moz dont nõus
vſons. Meintęnant quelę choſę pourroèt a-
uoèr plus grand forcę dę les randrę antandi-
blęs quę l'Etimologię ? puis par quel moien
pourrièz vous mieus garder l'Etimologię an
ſon antier quę par l'Ecritturę : Commę , ſi
vous otèz la lęttrę ſ dę cę mot Ecrirę, cǫm-
mant connoętra lon qu'il vient du Latin
Scribere ? Si vous otèz commę nous diſions lę
p dę cę mot temps, commant voęrra lon qu'il
vient dę Tempus ? e dę corps, commant pan-
ſęra lon qu'il viegnę dę Corpus ? Si vous e-
criuèz pie e neu ſans d, commant iugęra lon
qu'iz viegnęt l'un dę Pes, pedis, e l'autrę dę
Nodus ? Si vous otèz lę g dę cę mot loing,
cõmant antandra lon qu'il viegnę dę Longe,
l'aſpiratiõ dę humblę, honneur, hommę, hier,
e les autręs, commant ſaura lon qu'iz viegnęt
dę Humilis, honor, homo, heri ? L'an pour-

roę nommèr tant d'autrȩs téz qụȩ lȩ jour
mȩ faudroèt plus tót qụȩ la parollȩ.   Sera il
donq dìt qụȩ l'Ecritturȩ qui ȩt introduittȩ
pour connoętrȩ lȩ sans des moz, soèt causȩ
qu'iz an soȩt tout aụcontrerȩ, plus obſcurs?
Faut il pour obeïr a ʋnȩ prononciation, qui
n'appartient qu'a la bouchȩ, l'intȩllig'ancȩ
dȩ quelqụȩ bõnȩ matierȩ soȩt pȩrduȩ, ou pour
lȩ moins rȩtardeȩ, quand ȩllȩ peùt par bon
moyen ętrȩ conçuȩ prontȩmant ? Aſſauoȩr
mon ſi les nations etrangȩs trouuȩront mȩi-
lheur qu'on leur appregnȩ a parler notrȩ languȩ qu'a l'antãdrȩ? Nanni, ſíz n'emȩt mieus
parler commȩ ʋnȩ piȩ an cagȩ, e ſíz n'e-
mȩt mieus la ſatiffation de leur lãguȩ qụȩ dȩ
leur eſprit.   E puis la douſſeur, elegancȩ e
propriete du Françoȩs, n'ont ȩllȩs pas du credit aſſez pour lȩ randrȩ rȩcommandablȩ? e
outrȩ cȩla ancorȩs, lȩ rȩnom, la cõuȩrſation,
l'alliancȩ, e qui n'ȩt a omȩttrȩ, la traffiquȩ,
qu'ont les Françoȩs auȩc toutȩs nations, ran-
dȩt la languȩ non seulȩmant dȩſirablȩ, mȩs
auſſi neceſſerȩ a tous peuplȩs.   On ſèt qụ'au

païs d'Artoęs e dę Flandręs, iz tienęt touſjours l'uſancę dę la languę e i plędęt leurs cau
ſęs, e i font leurs ecritturęs e proceduręs an
Françoęs.   An Angletęrrę, aumoins antrę les Princęs e an leurs Cours iz parlęt Frã
çoęs an tous leurs propos.   An Eſpagnę, on i
parlę ordineręmant Françoęs es lieus les plus
celebręs, einſi quę peùt bięn ſauoęr lę ſigneur
Ian Martin qui à etè an tous les deus païs.
   An la court dę l'Ampereur, einſi quę diſęt
ceus qu ſi ſont trouuèz priuémant e longuęmant, on n'uſę pour lę plus d'autre langagę
quę Françoęs. Quę dirè ję dę l'Italię? la ou
la languę Françoęſę ęt toutę communę, non
ſeulęmant pour la frequantation des Françoęs, męs ãcoręs pour la gracę, beaute e facili-
rę? Meintęnant ſi on leur veùt balher nouuęllę Ecritturę quę panſęront iz ſinon qu'on
les veulhę tromper? ou quę notrę manierę dę
parler ęt chãgę dę formę, tout einſi quę l'Ortografę? E puis quę ję ſuis tombè ſus lę changęmant, chacunę ſèt qu'antrę les Françoęs
la prolation changę dę tans an tans.   Par-

rant ſi nous voulions touſjours dõner nouuellɇ
Ecritture a la nouuellɇ prononciation, eɇ ſɇroèt a tous cous a rɇcommancer. E faudroèt
qu'il ſɇ trouuár touſjours quelcun qui n'út
autrɇ chargɇ quɇ d'ág'anſer l'Ortografɇ, e la
publier tout einſi quɇ les Ordonnancɇs, e les
criz dɇ villɇ.   Mɇs qui pis ɇt, auant qu'on
út ù lɇ loeſir dɇ panſer a cettɇ moáɇ nouuellɇ,
la prolation ſɇroèt desja changeɇ.   Voɇla
commant la grandɇ curioſite quɇ nous aurions úɇ dɇ polir e regler notrɇ languɇ, ſɇroèt
cauſɇ dɇ confuſion telɇ, qu'ellɇ pourroèt an
peu dɇ tãs abolir l'uſagɇ dɇ la lãguɇ, e la con
uertir an vnɇ autrɇ qui ſɇroèt mɇlleɇ du tans
paſſɇ, preſant, e a vɇnir.   E dauantagɇ
quand il út etè metier dɇ reformer l'Ecritturɇ, ç'út etè trop attandù, e ſɇroèt trop tard dɇ
ſ'an auiſer : Car notrɇ languɇ qui ɇt aujourdhui an ſa plus grand' forcɇ e conſiſtancɇ nɇ
pɇut ſouffrir reformation : Cɇla ſɇ dɇuoèt fɇrɇ il i à vint ou trantɇ ans, lors qu'ellɇ com-
mançoèt a ſ'auancer. C'etoèt lɇ tans quɇ pɇrſonnɇ n'út contrɇdìt, par cɇ qu'allors, ou vn

pęu auparauant, on trouuòęt toutęs chosés
bonnęs.   Meintęnant quę les Françoęs san-
tęt leur lzeur plus quę leurs grans pęręs nę
firęt onq, e quę chacun qui parlę Fraçoęs an
pãsę sauoèr cę qui an ęt, quel ordrę i a il dę
cuider gagner non seulęmant vnę multitudę
populerę, męs aussi vn tel nõbrę dę pęrsonna-
gęs d'ęsprit e dę jugęmant? léquéz s'etudięt
dę jour an jour a parfęrę leur languę, leurs
meurs e leur sauoęr, pour an dępartir aus autręs? e qui toutęffoęs n'ont point ancoręs pansè a cęci, e par cę moien sę faschęront dę sę
voèr surpris erępris.   E s'il i an auòęt qui
i ussęt pansè, commę il ęt a croęrę dę beaucoup dę bons ęspriz dę notrę Francę, qui ręgardęt dę pręs a toutęs chosęs dinęs dę policę
e d'antręprisę, d'autant plus auront iz dę ręsons, inuantions, e moiens pour sę defandrę.
E pareinsi, au lieu dę rętęnir notrę dinite
anuęrs les etrangęs nations, nous nous sęrons
pourchassé vn bruit, d'ętrę an dissansion ci-
uilę, que nous nę pouons voèr, e andurer notrę bien tout ansamblę, quę nous nous desiõs

dę noz facultez an fęſant, pour nous cuider
fortifier, cę quę nous nę voions ferę a autrę
peuplę qu'a nous. E quant a la reputation
quę pourrŏt acquęrir les reformateurs anuęrs
leurs citoiens qui auront bon nès, cę ſęra d'ę-
trę inuanteurs dę choſęs nouuęllęs, e dę vou-
vouloęr ętrę vùz plus ſauoęr quę les autręs.
Męs ſíz vouloęt croęrę cŏſeilh, íz dęuroęt
vn peu mieus e plus a loęſir panſer, quel peril
c'ęt d'introduirę nouueautez, lęquelęs an téz
càs plus qu'an autrę androęt, ſont depriſablęs
e odieuſęs. Quand on parlę dę correction
il ſę faut propoſer troęs poinz. Lę pręmier
ęt d'apporter ręſons qui ſoęt ſuffiſantęs e in-
uınciblęs pour abolir les pręmieręs e preſan-
tęs coútumęs: Lę ſęcond dę pouoęr ferę trou
uer bonnę vnę choſę, qui n'à point ancoręs e-
tè vúę: Lę tiers qu'íz doęuęt panſer, ęt quę
combien quę les choſęs qu'íz veulęt męttrę
an auant, ſoęt ręſonnablęs, ſı faut il auoęr
quelquę autorite e puiſſancę, pour laquelę oh
ęt occaſion dę ſę montrer plus hardi quę les
autręs: Qui ęt vn androęt, quant íz l'auroęt

bien examinè, qui les dęuroęt vn peu ręfroę-
dir : Car cę n'ęt pas petitę choſ, quę d'antrę-
prandrę contrę tout vn pęuplę, qui ęn tel cas
ęt poſſeſſeur dę tous tans immemorial : e ancoręs commę ję diſoę tantót, contrę tant dę pęrſonnagęs doctęs e eccęrcitez, nõ ſeulęmant es
languęs vulgueręs, męs auſſi es languęs lęttręs Grequę, Latinę, e Hebraiquę, déſquéz
j'eſtimę lę jugęmant ſi reſolu, qu'il mę ſamblę quę cęus qui ſ'ęnhardiſſęt dę deuoier dę
leur trein, ſe męttęt en peinę dę combattrę
contrę l'uſagę e la ręſon, c'ęt a dirę commę les
Geans repugner a Naturę : Car qu'appęllę-
rons nous plus ręſonnablęmant Vſagę, ſinon
cę qui ęt approuuè par hommęs qui ſont les
pręmiers antrę les leurs an toutęs ſortęs dę
diſciplinęs, e dę filoſoſię ? męmęs an admi-
niſtration publiquę, an autorité, faueur e credit ? qui ſont poins dę grandę efficacę quant
a l'endroęt ou nous ſommęs : Cær il n'i à point
dę fautę quę ceus qui ont plus d'affęres a manier, e qui ont tant dę ſortęs dę g'ans a leur
ſuittę, nę doęuęt parlęr plus propręmant e

G

correctɇmant quɇ les autrɇs: léquéz toutɇffoɇs nous lɇſſɇt e ſouffrɇt notrɇ Ortografɇ an
l'etat qu'ɇllɇ ɇt.   E qui plus ɇt, dɇ tous ceus
la, a peinɇ ſ'an trouuɇra il ʋn qui nɇ contrɇ-
diɇ formɇllɇmant a l'opinion e fantɇſiɇ dɇ
ceus qui la veulɇt reformer , e qui nɇ ſoutiɇ-
gnɇ e approuuɇ l'ecritturɇ cõmunɇ.   E quand
lɇ lieu ſɇroèt ici de les nommer , e qu'on mɇ
ʋoulut dirɇ quɇ c'ɇt neglig'ancɇ a eus (car
j'eſtimɇ qu'hommɇ nɇ voudroèt ʋſer de plus
auantageus mot contrɇ eus) jɇ pourroɇ hardimant repondrɇ auɇc lɇ Comiquɇ, quɇ j'e-
mɇroɇ' mieus leur reſſambler auɇc toutɇ leur
neglig'ancɇ, quɇ nompas a telɇ manierɇ dɇ rɇ-
prɇneurs auɇc leur dilig'ancɇ tant conſcian-
cieuſɇ.   Dauantagɇ ſiz ont ſi grandɇ affection dɇ regler e corriger notrɇ Ecritturɇ,
jɇ m'ebahì commant iz nɇ ſ'auiſɇt dɇ reformer lɇ langagɇ, e la prolation mɇmɇ: Car ſ'il
i à abus an l'un, par mɇmɇ rɇſon dirè jɇ qu'il i
an à aus deus autrɇs . Cõmɇ ſi on mɇ dìt quɇ
les ſɇt lɇttrɇs dɇ cɇ mot maiſtrɇ ſont mal ap-
propriɇs , e quɇ la Diftonguɇ ai e la lɇttrɇ ſ

ſont abuſiuȩmant appliquȩs, pȧr cȩ qu'au
mot qu'ęllȩs repreſantȩt, ęllȩs nȩ ſȩ prononcȩt point, qui mȩ gardȩra dȩ dirȩ quȩ cȩ mot
Egliſȩ pour ſinifier vn Tamplȩ, n'ȩt pas Frãçoȩs? par cȩ quȩ lȩ mot Eccleſia dont il vient,
ȩt barbarȩ pour telȩ ſinification? Itam qui
me gardȩra dȩ rȩprandrȩ ces moz comptȩ,
chambrȩ commȩ vȩnans dȩ moz barbarȩs?
Itam orlogȩ e idolatrȩ? e dȩ meintȩnir qu'on
dȩuroȩt dirȩ orologȩ, e idololatrȩ, a rȩſon des
moz dont iz vienȩt? Itam Medȩcin par e
an la ſȩcondȩ ſillabȩ, e qu'on dȩuroȩt dirȩ
Medicin e Medicinȩ par i? Dȩ memȩ, qui
mȩ gardȩra dȩ rȩgȩter Intantion, lȩquel
vient dȩ Intentio, qui n'ȩt pas Latin pour cȩla?
Autant ȩt il dȩ cȩ mot Complexion pour vn
humeur, ou pour lȩ naturȩl d'un hommȩ: e dȩ
cȩ mot Parans, duquel nous vſons pour ſinifier onclȩs, couſins, frerȩs e toutȩ notrȩ ge-
nealogiȩ, mȩs on ſȩt combien lȩ mot Latin
ȩt barbarȩ an telȩ acception. Itam Crea-
teur, curateur, e les ſamblablȩs, dont la pe-
nultimȩ ſȩ prononcȩ briȩuȩ, e ſi vienȩt des

G ij

moz Latins qui l'ont longuɇ. Itam quand
nous difons vous, a vn pɇrfonnagɇ feul?
Itam cɇ mot guerrɇ qui vient d'un mot bar-
barɇ guerra? e autrɇs fans nombrɇ, déquéz
la finification ɇt impropreɇ fi nous voulons a-
uoɇr egard a l'originɇ e non a l'ufagɇ.
E toutɇffoɇs dɇ vouloɇr f'auanturer dɇ les
bānir dɇ Frācɇ, cɇ fɇroɇt vnɇ efpecɇ dɇ folliɇ
quɇ troɇs eleborɇs nɇ gueriroɇt pas:Car il fau
droɇt tout par vn moien couper la languɇ aus
Françoɇs, e leur an rɇmɇttrɇ vnɇ toutɇ neu-
uɇ. Mɇmɇs quant a la conftruction, pourquoɇ difons nous ma douleur e ma couleur,
plus tót quɇ mon douleur e mon couleur, vù
qu'on nɇ lɇ dìt pas an latin? Si cɇ n'ɇt qu'il
à paffè parmi lɇ confantɇmant vniuɇrfɇl dés
hommɇs, qui à etè cauſɇ dɇ lɇ fɇrɇ valoɇr
tel. Meintɇnant qui mɇ pourra juftɇmant
repondrɇ qu'il i ɇt diuɇrfɇ rɇfon dɇ la prolation e dɇ l'acception, d'auɇc l'Ecritturɇ? Nɇ
fɇt on pas quɇ dɇ la conception e abondancɇ
du lzeur fort la parollɇ? Puis d'unɇ parollɇ
ſ'an formɇ vnɇ autrɇ par deriuéfon, ou par

reſemblancɇ, ou par exig'ancɇ : e finablɇ-
mant dɇ la parollɇ ſɇ produit l'Ecritturɇ?
Partant il mɇ ſamblɇ quɇ ceus qui mɇttront
an auant qu'an l'unɇ i ɇt quelquɇ abus, an doɇuɇt autant arguer es deus autrɇs, qui ſɇroɇt
choſɇ contrɇ toutɇ réſon e equite. Tandis
quɇ lɇ ſigneur Dɇbɇzɇ deuiſa einſi, il n'i ùt
cɇlui dɇ nous qui nɇ l'ecoutát fort attantiuɇ-
mant, e panſions tous qu'il fút pour continuer
ancorɇs plus auant : quand il ſ'addreſſa a moɇ
an mɇ diſant : Commant ſigneur Pɇlɇtier?
Vous m'auièz promis vnɇ choſɇ au commancɇmant quɇ vous nɇ m'auèz pas tɇnuɇ : E
qu'ɇt cɇ? di jɇ : C'ɇt, dit il, quɇ vous m'a-
uièz accordè quɇ nous parlɇrions chacun an
ſon tour, ou pour lɇ moins quɇ jɇ ſɇroɇɇ inter-
pɇllè par foɇs : Mɇs ni vous ni pas vn d'ici
n'an auèz tɇnù contɇ. Nɇ vous an prɇnèz
pas a moɇ di jɇ : Car vous ſauèz quɇ la parollɇ m'à etè defanduɇ : Qui la vous à defanduɇ? dit Ian Martin : Iɇ croɇ qu'aucun dɇ
nous nɇ la vous voudroɇt defandrɇ, e auſſi
quɇ vous nɇ ſɇrièz guerɇs bien pour l'andu-

G iij

ver. Allors ję repondì, Pour lę moins ellę
m'à etè limitę, combien quę c'ęt etè dę mon
confantęmant: E pourcę quand j'è vù quę
vous autręs qui auièz pleiņ libęrte dę parler, nę difièz mot, ję nę mę fuis voulù auancer dę parler lę pręmier: e cęrtęs ję fuis tref-
ęfę du filancę quę nous auons fęt, e fi è pris
grand plęfir a nę voęr point intęrromprę, lę
figneur Dębęzę quant j'è vù lę fil qu'il fui-
uoęt: Car il mę famblę qu'il an à mieus dìt
cę qu'il à voulù, e quę lę figneur Dauron à
mieus ecoutè, e à mieus pris cę quil à dìt.
Lors dìt lę figneur Sauuagę, Ię fuis d'opinion
quę jufquęs ici voęrmant, fes propos fę font
mieus portèz auęc continuation. Męs pour
commancer a intęrpofer cę quę j'an veulh
dirę. Ię fuis d'opinion monfieur Dębęzę,
quę cęla quę vous auèz deduit, fant bien fęs
bonnęs réfons: e fi lę figneur Dauron n'an apportę d'autręs qui foęt bien viuęs e bien fortęs, a grand' peiņ mę pourra il óter cę quę
j'è ampongnè, quę pour lę moins il nę m'an dęmeurę vnę grand' partię: E cęla à etè caufę

qu_e j_e vous è volontiers l_eſſè dir_e.   M_es il
m'_et d_emeurè vn_e dout_e qu_e j'auo_e defa-
uant qu_e vous uſſièz commancè : c'_et qu_e j_e
m'attando_e e m'attans ancor_es , qu_e vous
nous ouurièz quelqu_e metod_e, par laquel_e no-
tr_e Ortograf_e puiſſ_e étr_e regle_e.   Il m'_et
auis qu_e c'_et l_e point l_e plus difficil_e, par c_e
qu_e j_e vo_e qu_e d_e tous ceus qui ecriu_et Fran-
ço_es, chacun Ortografi_e a ſa guiſ_e.   I_e vous
pri' pourſuiur_e cet androet, e vous voerrez,
qu_e nul n_e faudra a m_ettr_e ſon auis parmi l_e
vótr_e, qui ſ_era cauſ_e qu_e nous nous an pourrons aller plus contans e plus ac_ert_enez hors
d'ici : E vous aſſúr_e qu_e c'etoèt l_e paſſag_e ou
j_e vous guetto_e, pour an parler. L_e ſigneur
D_eb_ez_e repondìt.   I_e panſ_e, dit il, auoèr
aſſez parlè d_e c_ela qu_e j'auo_e' antr_epris au
commanc_emant, pour an étr_e quitt_e.   I_e
vous pri' n_e m_e vouloèr m_ettr_e an cett_e pei-
n_e d_e talher ici vn_e Ortagraf_e. C_e m_e ſ_eroèt
meint_enant choſ_e faſcheuſ_e d_e r_eprandr_e l'a
b c. I'an l_eſſ_e f_er_e aus Grammeriens. Il m_e
ſuffìt d'auoèr dìt c_e qu_e j'auo_e a dir_e contr_e

G iiÿ

ceus qui an veulęt balher vnę nouuellę, e qui
fouz ombrę dę reglęmant la veulęt reduirę
a plus grand irregularite. Dauantagę les
anfeignęmans dę l'Ortografę nę font pas commę d'unę Filofofię morallę, qui montrę qu'il
n'i à qu'unę voęę qui foęt bonnę, qui ęt lę
milieu antrę deus extręmęs. Si vn hommę ecrit a fa modę, e vn autrę a la fiennę, il
pęut ętrę quę tous deus ont lęurs réfons, e quę
tous deus nę falhęt point. Męs fil à quelquę diuęrfite notablę, ję m'an rapportę a cę
qui an ęt. Ię n'è pas chargę dę les appoin-
ter. Dę ma part ję mę tiendre a mon fti-
lę accoutumè: e eftimęrè quę lęs vicęs quę
lę vulguerę pęut commęttrę an l'Ecritturę,
prouienęt d'unę ignorancę, laquelę a peinę
fauroęt on amander quelquęs preceptions
quę lon pùt balher.

Quant aus pęrfonnagęs qui font dę fauoęr e
d'efprit, il nę leur faut point d'autrę metodę
quę cęllę quę l'erudition e le jugęmant leur
apportę. E la dęffus Dębęze fit contęnā-
ce toutę arrętęę dę n'an vouloęr plus rien di

rę.   Adonq Ian Martin, monsieur Dauron, dit il, C'ęt donq meintęnant a vous ę
parler. Il n'i à cęlui ici a mon auis qui nę vous
ęt gardè vnę oreilhę. E si monsieur Dębezę
nę nous à etablì cęrteinę formę d'Ortografę
nous nous attandons quę par la contrariete
quę vous alleguerèz, nous an pourrons ręlzeulhir quelcunę qui sęruira. Parquoę de
liberèz vous dę vous acquitter.. Lę signeur
Dauron repondìt, Cęrteinęmant monsieur
Dębezę à assez bien parlè pour lęsser impreßion dę ses argumans an noz espriz, e nę
sè pas quelę pęrsuasion il vous à pù donner.
Męs si ce n'etoęt vnę ręson generallę qui mę
conduìt e m'induìt a tęnir au contrerę, moę-
mémę mę lęßroęę aller dę son cóte, e nę
voudroę' m'auācer dę dirę rien allancontrę.
Męs puis quę vous autręs m'auèz fęt obliger
c'ęt ręson quę ję facę mon dęuoęr dę m'en de-
liurèr. E sus cę point, voiant quę lę signeur
Dauron s'apprętoèt dę parlèr, Ię dí, Il sęroęt
meilheur quę la partię sę ręmìt a dęmein :
Car ję nę sè si nous aurons du tans assez pour

ouïr tout cǫ quǫ monſieur Dauró à bǫſoin dǫ
dirǫ. Lors lǫ ſigneur Dǫbęząǫ, l'antãs bien
quǫ c'ęt, dit il, Nous ſommǫs an vn androęt,
ou les dęrniers ont l'auãtagǫ. Vous voulèz
auoèr du tans pour ſongèr a votrǫ affęre: męs
quand jǫ voudroę, j'auroę occaſion dǫ m'i
oppoſer : Car on m'à contreint dǫ parler ſus
lǫ champ, e au depouruù. E puis jǫ nǫ ſę ſi
nous aurons la commodite dǫ nous raſſamblèr
dǫmein, e dǫ ma part a grãd peinǫ m'i pour-
rè jǫ trouuer. Allors j'ajoutè, Il ęt bien vrei
di jǫ, qu'on nǫ vous à pas donnè grand loęſir dǫ vous preparer.   Męs vous ſauèz
qu'il n'i à pas tant dǫ peinǫ a aſſalhir ſeulǫ-
mant, qu'il i à a aſſalhir e ſǫ dǫfandrǫ tout
anſãblǫ, einſi que j'eſperǫ quǫ fęra monſieur
Dauron.   Dauantagǫ nous ſauons tous quǫ
vous n'auièz metier dǫ grandǫ premedita-
tion an cettǫ matierǫ: laquelǫ autrǫffoęs à etè
dǫbattuǫ an votrǫ preſãcǫ, la ou vous tęnièz
l'un des pęrſonnagǫs. E ancorǫs j'eſtimǫ quǫ
ſi monſieur Dauron etoęt condannè a parlèr
preſantǫmant, ſi lui voudrièz vous biẽ don-

ner quelqu̧ repìt: Car ļ combat ou nous som
m̧s ̧t tel, qu'il n'i va point ḑ danger ni def-
auantaģ pour ļ veincu , E ņ peut chaloèr
a qui ļ camp ḑmeuŗ, pouruù qu̧ chacun ̧t
f̧t son effort a son ̧ş̣ e difcretion. Touţf-
fo̧s j̧ ņ veulh pas qu̧ vous eftimèz qu̧ j̧
diȩ çci pour feŗ pļfir a monfieur Dauron,
ļȩquel j̧ fè ̧tŗ garni ḑ ç qui lui faut con-
tŗ vous, m̧s fcuļmant pour la briëu̧te du
tans, comm̧ j̧ vous è defia dìt. E fi i à vn
autŗ point: c'̧t qu̧ les figneurs Ian Martin
e Sauuaģ, ņ fȩ teront pas ḑmein fi patiam-
mant contŗ nous, qu'iz ont f̧t aujourdhui
au̧c nous. E partant fil etȩt einfi qu̧ vous
vßièz omis quelqu̧ chof̧ a diŗ, íz ļ pour-
ront fupplir. Quant a ç qu̧ vous voulèz,
vous efcufèr d'abfanç pour ḑmein, il m̧ fã-
bļ qu̧ vous ḑuèz çla a la compagni̧, ḑ
vous contreindŗ ḑ furfoèr tout autŗ affeŗ
plustót qu̧ çtui ci. Autŗmant vous nous
ļff̧rièz a panfer qu̧ vous voudrièz feŗ
comm̧ les moufcḩs, qui ſan vont apŗs l'e-
gulhon ļffè. Touţ la compagni̧ an fùt d'a-

ȩ̀s, e lȩ pria dȩ ſi trouuèr. E cȩ qu'il i auoȩ̀t dȩ reſtȩ dȩ tans, fùt amploiè a autrȩs propos dȩ recreation, e la diſputȩ gardȩ̀ au l'andȩmein.

Fin du prȩmier liurȩ.

SECOND LIURE, DE l'Ortografȩ e Prononciation Françoȩ̀ſȩ par Iacquȩs Pȩlȩtier du Mans.

CE pandant quȩ j'etoȩ a inſtruirȩ cȩ mien Dialoguȩ, j'oui dire e vì par lȩttrȩs quȩ Teodorȩ Dȩbȩz ȩ ſ'etoȩ̀t rȩtirè dȩ notrȩ Francȩ, choſȩ qui dȩ primȩ facȩ mȩ ſambla etrangȩ, vù les connoȩſſancȩs, amitiez e ȩſancȩs qu'il auoȩ̀t pardȩça, e la reputation qu'il auoȩ̀t gagnȩ́ par tout, pour rȩſon du trettablȩ antrȩ́tien, dȩ la douſſȩ preferancȩ, e dȩ la ſolidȩ ȩ́rudition qui etoȩ̀t an lui. E ancorȩs qui m'a fȩ̀t plus ebahi, à etè quȩ lui etant preſant ja-

mẹs nẹ nous fìt ſantir qu'il ût fantẹſiẹ dẹ ſẹ
vouloẹr diſtrerẹ, combien quẹ tous les jours
nous fiſſions tant d'honnẹtẹs priuautez anſamblẹ an dẹuiſant dẹ tous propos qui appartienẹt a hommẹs compagnablẹs. Bien vrẹi
ẹt quẹ par foẹs il nous diſoèt quẹ ſ'il auoèt
tout ſon bien an bloc, il cherchẹroèt ſon rẹpos
alheurs qu'an Francẹ. Mẹs quand jẹ panſoẹ quẹ lẹ meilheur dẹ ſon bien etoèt dẹ telẹ
ſortẹ qu'il nẹ ſẹ pouoèt rẹmuer, j'eſtimoẹ quẹ
cẹla lui fẹroèt tenir reſidancẹ an notrẹ païs.
Meintẹnant quẹ j'è ouï nouuẹllẹs dẹ ſon abſancẹ, il mẹ ſouuient lui auoèr ouï dirẹ antrẹ
autrẹs quẹ la cite dẹ Vẹnizẹ lui plẹſoèt ſingulierẹmant, la ou jẹ preſuppoſẹ qu'il ſoit dẹ
preſant, ou biẽ (einſi qu'un hõmẹ rẹtirè balhẹ
a dẹuiner a tout lẹ mondẹ) au païs d'Allẹmagnẹ, auẹq vn ſiẽ precepteur nõmè Mẹlchior,
auquel il à dẹrnierẹmant dediè ſes Epigrammẹs Latins. Or an quelquẹ lieu qu'il ſoèt pour
lẹ peu d'ambition quẹ j'è cõnù an lui, e pour lẹ
peu d'ãuiẹ quẹ j'è d'allonger les lignẹs dẹ mon
liurẹ pour parler dẹ lui, jẹ tournẹ tout courẹ

à mõ principal propos. Iɇ nɇ douttɇ point qu'iᴌ̃
nɇ ſ, trouuɇt ancuns qui m'eſtimɇrõt bien har
di d'auoèr introduit téz pɇrſonnagɇs quɇ ceus
ci, léquéz nõ ſeulɇmãt ſont ancorɇs viuãs, mɇs
ancorɇs ſont dɇmeurans ordinerɇmant au milieu des hommɇs dɇ ſauoɇr. On mɇ mettra antrɇ autrɇs vn point an chargɇ, qui ɇt, quɇ
quand on ſɇ veùt méller dɇ fɇrɇ parler quelquɇ pɇrſonnagɇ qui ɇt connù pour hommɇ dɇ
jugɇmãt e dɇ bon eſprit, il faut auoèr antandù au parfɇt ſes opinions, e mémɇs auoèr an
l'eſprit l'imagɇ dɇ ſes manierɇs dɇ parler
protret au vif, juſquɇ au plus pɇtit mot qu'on
veùt fɇrɇ ſortir dɇ lui. Car ſil ſɇ trouuɇ par-
aprɇs qu'il nɇ ſoèt du parti qu'on lui fɇt defandrɇ, ou bien ſ'il an ɇt, quɇ cɇ ſoèt peùt étrɇ
an quelquɇ partiɇ, e nompas an tout : cɇ ſɇra
vn blámɇ bien grãd dɇ ſ'étrɇ mis au hazard
dɇ ſɇ fɇrɇ deſauouer, e n'auoèr preuù commãt
on ſɇ dɇuoèt gouuɇrner tandis qu'on auoèt lɇ
loɇſir.   E pour plus mɇ préſſer iᴢ mɇ dirõt
quɇ les anciens ont bien creint dɇ fɇrɇ cõmɇ
moɇ.   Mémɇs Platon n'à point antrɇpris

đę rediger la doctrinę dę ſon męトrę Socratę,
juſquęs a cę qu'il ęt etè mort . Ciceron an
ſes deus trettęz dę l'Amitie e dę la Vieil-
lhęſſę, n'à introduìt quę perſonnagęs long-
tans decedez au parauant, dę ſortę qu'il ſ ęt
óte du danger d'ętrę non ſeulęmant dedìt dę
ceus qu'il feſoęt parler, męs auſſi d'ętre rępris
dę tous autręs, a réſon quę la memoerę an e-
toęt deſlors fort lointeinę. An ſon Dialoguę
dę l'Orateur il à ʋſè dę ſamblablę prudancę,
non qu'il n'út connù ceus qu'il introduiſoęt :
męs pour lę moins il n'an publia rien quę ceus
qui tęnoęt lę gouuęrnalh dę la diſputę, nę
fuſſęt decedèz. Einſi a ceus qui veulęt męttrę par ecrit des opinions diſputablęs, lę plus
ſeur ęt d'introduirę perſonnęs feintęs, ou ſ il
i anà dę ʋręyęs, qu'ellęs ſoęt du paſſè : ou
brief, ſ il i an à dę viuantęs, qu'ęllęs parlęt
par formę dę doutę e d'intęrrogation, e non
par aſſurancę, e doęt on ferę les repöſęs dę ſa
bouchę e dę ſon jugęmant proprę, commę à
fęt Ciceron an ſes Partitions, de peur qu'on
facę doublę fautę : pręmieręmant tort a eus,

an leur balhant a soutenir vne chose contre
ce qu'iz an santet, e secondemant a soememe,
de peur d'an etre reprochè. Auquez je pri
vouloèr prandre ce que je voe dire, pour re-
ponse. An premier lieu, je confesse qu'il
i à de la difficulte a garder an son antier sa
forme, la grace, e naiuete du Dialogue. Mes
nonobstant si panse je auoèr conduit les propos jusques ici de tele sorte, qu'on ne sauroèt
justemàt m'imputer qu'il i èt aucun des qua-
tre qui èt mal jouè son rolle. Il n'i à ù que
Teodore Debeze qui èt portè le fes. Au
parler duquel n'è rien dissimulè de ce que
j'è pansè qui fit pour lui, e de ce qu'ii à ù ar-
gumant de dire. E ne me pourroèt on obge-
cter, sinon que je lui an e einçoes fèt dirè
plus que moins. Mes cela seroèt se motrer trop
affectè a calonnier les presans, e a porter anuie aus absans. Ie dì bien que celui dont je
parle, auoèt du bon sans assez pour imaginer
e deduire les rèsons que lui è fèt dire: Mes
aussi, que j'an e omis aucunes, je croe que les
plus cleruoyans n'an apperceuront rien: E an

l'androèt dé Ian Martin e Sauuagé, áncorés
moins : Car lé plus qué j'è pù, jé les è fèt parler contré moé, combien qué parauanturé au
pis aller, jé m'i soé' montrè trop scrupuleus.
Voila commant jé mé tien aſsúre qué pour lé
moins jé né doé étré accuſè dé m'étré flattè.
Quant ét des moz e manierés dé parler, jé né
m'arrété a g'ans ſi conſciancieus qui régar-
dét, léquel vn hommé diroèt plus ſouuant,
vouloèr ou volonte: croéré, ou ajouter foé:
jé cuidé, j'eſtimé, ou jè opinion. Si nous voulions nous fonder là déſſus, il nous faudroèt
quand e quand propoſer dé jamés n'ecriré.
Ceus qui ſaugt qué c'é', antandét bien qué lé
tout ét dé parler proprémant e pértinãmant,
ſans contreindré ou diuérſifier ſon ſtilé trop
curïeuſémant pour la ſugetion des pérſonnés.
Il reſté a parler du ſigneur D'auron, pour
léquel plus qué pour aucun des autrés j'è a
panſer a mon afferé: Car il faut dé l'erudition
pour antandré les argumans qui ont etè alleguèz, dé la memoéré pour les réténir
dé la ſuttilite pour les refuter, e grand jugé-

H

mant pour disposer ses reponses.   E an cęci
nę puis fęrę autrę chosę quę mę soumęttrę au
jugęmant dę ceus qui mettront l'eulh sus mes
ecriz, tant quę si les ręsons quę j'adduirè
sont trouuęs foęblęs, ję prădrè toutę la chargę sus moę, e confęsserè n'auoèr ù la gracę
ni antandù la prattiquę dę parlèr par Dialoguę. Si ęt cę pourtant quę ię m'attans, e
nę cuidę point ętrę trompè, quę ceus qui ont
la dębonneręte conjointę auęc l'etudę e sauoęr, nę trouuęront ma dispofition dę si pętitę enęrgię, qu'il n'i ęt non seulęmant dę l'apparancę, męs auſsi dę la verite e cęrtitudę.
Voici l'androęt ou il faut montrer dęquoę.

    Ię dì donq' quę lę landęmein lę signeur
Dauron sę trouua au lieu męmę ou il auoęt
pris la compagnię lę jour precedant, qui fùt
anuiron vnę heurę apręs midi. Dęquoę nous
fumęs tous fort joyeus, e principalęmant moę
qui commancè a lui dirę, Monsieur Dauron, vous etęs vęnu dę bonnę heurę: męs
soièz aſſurè quę vous n'etęs point vęnù si tót
commę ię vous attandoę volontiers. Vous

ſauèz a quélꝭs g'ans nous auõs afferꝯ: ſi vous
vſſièz tant ſoèt peu dꝯmeurè, Dieu ſèt commant iz úſſꝯt pris cꝯla a leur auantagꝯ. Iꝯ
vous pri' ſiz ſont prꝯz dꝯ vous ouir, mon-
trèz quꝯ vous etꝯs auſſi prꝯt dꝯ parler. E
ſans autrꝯ choſꝭ attandrꝯ chacun print ſa
placꝯ an l'ordrꝯ du jour dꝯ dauant. Adonq
Dauron aprꝯs ſꝯtrꝯ mis vn peu à parſꝭr, e
quꝯ chacun ùt getiè l'eulh ſus lui, Ecoutèz
jꝯ vous pri' Mꝯſſieurs dit il, ecoutèz: vous
orrèz vn hommꝯ qui an va parler commꝯ ſa-
uant: elꝯ dì ancorꝯs plus hadimant, par cꝯ
quꝯ vous n'etꝯs tous qu'apprantiz an la languꝯ Françoéſꝭ: e pour cꝯla jꝯ vous veulh
apprandrꝯ commꝯ a mes diſciplꝯs, cꝯ quꝯ
moꝯmémꝯ n'è pas appris, quꝯ c'èt qu'il mꝯ ſam-
blꝯ dꝯ l'Ecritturꝯ e prononciation Françoéſꝭ.
A quoꝯ chacun dꝯ nous ſꝯ print a rirꝯ: puis
il parla einſi. Cꝯ ſꝯroèt pourneant dꝯbatù dꝯ
cꝯ quꝯ nous voulons dꝯbatrꝯ, ſi prꝯmierꝯmát
il nꝯ conuꝯnoèt antrꝯ nous, e mémꝯ ſi nous nꝯ
tꝯnions pour tout preſuppoſè quꝯ la languꝯ
Françoéſꝯ lꝯ meritàt: e auſſi qu'ellꝯ valut

ła peinę d'ętrę misę an art, e reduittę an etat
d'ętrę pęrpetueę an ſon androęt, commę ont
etè les anciennęs: Car ſi nous l'eſtimions dę
pętitę dinite, e ſi nous auions defiancę qu'ęllę
n'ut aucun luſtrę, elegancę ou douſſeur contrę les autręs languęs, tout cę qu'il nous faudroęt ferę, cę ſęroęt dę la lęſſer telę qu'ęllę
ęt, ſans ſę traualher a la cultiuer, ni plus ni
moins qu'unę tęrrę peu fęrtilę, dę laquellę lę
laboureur nę tient grand contę, e ſ'il i mèt
quelquę ſęmancę, c'ęt cęllę qu'il nę lui chaud
dę pęrdrę. Męs ſi nous auons tel ſoin dę notrę
patrimoinę quę nous dęuons auoèr, e ſi nous
panſons bien quę c'ęt cęlui qui doęt ętrę lę
mieus antrętęnu, commę duquel nous connoęſſons la naturę, la portcę, e la capacite, allors
peùt ętrę, lę plęſir nous viendra dę lę ferę
valoèr, ſouz eſperancę quę notrę labeur viegnę a profit. Ię nę dì pas quę lę Françoęs a
grand'peinę puiſſę jamęs ętrę ſi repandu cōmę ſont lę Greq e lę Latin, qui ſont vniuer-
ſęllęmant celebrèz par toutes tęrręs, ſinon
quę parauāturę nous uſſions tel couragę qu'iz

auoét anciennémant, d'amployer an notré làn-
gagé toutés fortés dé difciplinés e fciances:
léquelés font aujourdhui tant bien eclérciés,
qu'il famblé ni falloèr plus rien, fi nous les
voulions goûter des vréiés fourcés e fontéi-
nés, fans fuiuré les ruiffeaus, c'étadiré, fans
nous amufer a vn tas d'ecriueins commanta-
teurs la ou il n'i à ni maiefte ni gracé aucuné.
E fi nous an voulons feré notré déuoèr nous
pourrions randré notré langué l'uné des plus
floriffantés du mondé, aians lé moien d'i mét-
tré par ecrit cé qu'ont mis les anciens an la
leur, e quelqué chofé dauantagé. E pour né
diré rien des autrés profeßiös, qui font meinténant fi bien ouuertés, noz Matematiqués
né furét jamés mieus au nét, qu'ellés font dé-
prefant, ni an plus bellé difpofition d'étré an-
tandués an leur perfection. E par cé qué
leur verite ét manifefté, infallible, e conftan-
té panfèz quelé immortalite ellés pourroét
apporter a vné langué, i etans redigeés an
bonné e vréyé metodé. Régardons mémés
les Arabés, léquéz ancorés qu'iz foét ré-

culèz dę nous, e quaſi commę an vn autrę
mondę: toutęffoęs iz ſ'an ſont trouuèz an notrę Europę qui ont voulu apprandrę lę langagę, an principallę conſideration pour l'A-
ſtrologię, e autręs choſęs ſecrettęs qu'iz ont
trettęs an leur vulguerę, combien qu'aſſez
malheureuſ.mant : Car on ſèt quelę ſophi-
ſterię iz ont męlęz parmi la Medęcinę, e les
Matematiquęs męmęs. E toutęffoęs iz ont
randù leur languę ręquiſę an contamplation
dę cęla. Auiſons donq' a quoę il pęut tęnir
quę nous n'an facions non pas autant, męs ſans
comparęſon plus dę la notrę ? Męs ję creins
d'ętrę eſtimè fęrę vn commancęmant trop
magnifiquę pour l'ouuragę quę j'è a dreſſer.
Parquoę, dęmeurant an cettę aſſurancę qu'il
n'i à hommę qui mę voulùt deſauouer dę cę
quę j'an pourroę louablęmant dirę, ję com-
mancęrè a parler du principal propos quę
vous autręs Meſſieurs m'auèz impoſè. E mę
ſamblę puis quę nous ſommęs an l'androęt dę
ręſonner dę l'Ecritturę e Prononciation, quę
bien propręmant nous commancęrons par lę

diffinition dę toutęs deus. Prononciation
donquęs cę mę famblę n'ęt autrę chofę qu'uɴ
mouuęmant dę languę e des autręs inftru-
mans a cę duifans, par lę quel les moz fę font
antandrę au fans dę l'ouyę. E par cę quę
l'effęt an ęt dę petitę dur* , e mémęs n'ęt fuffifant pour penetrer la diftancę des lieus, finon qu'ęllę foèt bien pętitę, il à etè neceffęrę
d'inuanter quelquę moyen pour fupplir tel dę-
faut: a cę quę les abfans e les furuiuans púffęt
auoèr cõmunication dę cę quę l'elongnęmant
des lieus e du tans nę leur pouoèt pęrmęttrę.
An quoę n'út etè poßiblę d'imaginer chofę
plus commodę quę l'Ecritturę, qui ęt vnę difpofition dę lęttręs reprefantant lęs moz fi-
nificatíz dę quelquę langagę quę cę foèt: laquelę tient la placę dę la parollę, dę fortę quę
fi la voęs pouoèt ętrę par tout, e pęrpetuęllę-
mant antandiblę: nous n'aurions quę fęrę dę
męttrę rien par ecrit. Voila l'ufagę auquel
ęt deftinę l'Ecritturę, qui ęt dępuis lę parler, commę chacun fèt. Voila l'unę des pręmieręs caufęs pourquoę ęllę doèt obeïr a la

H iiÿ

parollɇ, tout einſi quɇ la parollɇ a l'eſprit.
E par cɇ quɇ lɇ ſigneur Dɇbezɇ diſoɇt hier
an ſoutɇnant l'Ecritturɇ vulguerɇ, quɇ ceus
qui la vouloɇt reprandrɇ e reformer, lɇ dɇ-
uoɇt ferɇ an faueur des Françoɇs, ou des e-
trangers, ou peùt étrɇ, dɇ tous deus: il nous
faut repondrɇ quɇ c'ét voɇrmant pour cɇla:
mɇs quɇ c'ét ancorɇs plus pour quelquɇ autrɇ
rɇſon: laquelɇ combien qu'ellɇ an depandɇ, ſi
nɇ ſɇ peùt ellɇ bonnɇmant antãdrɇ, ſans par-
lcr plus clerɇmant : Car quɇ cɇ ſoɇt pour fɇrɇ ſi grand pleſir aus Françoɇs ou aus etrangers, jɇ dì quɇ non, fors ſeulɇmant pour autrɇ
fin, e commɇ lon dìt, acceſſoɇrɇmant. An
prɇmier lieu, quant aus hommɇs natíz d'un
païs, on ſèt aſſez qu'il n'i à cɇlui dɇ Francɇ,
hors mis parauanturɇ les ruſtiquɇs ou idioz,
qui n'antandɇ aſſez lɇ langagɇ vulguerɇ ſoèt
an l'oyant parler ou an lɇ liſant, ſans ſɇ ſou-
cier commant il ſoɇt ortografiè, ancorɇs
qu'il lɇ trouuɇ quelques foɇs ecrit d'unɇ ſortɇ, e quelqueffoɇs d'unɇ autrɇ : Commɇ
quand il trouuɇ ecrit an vnɇ impreſſion

debuoir e recepuoir auec b, e p: e an l'autrę deuoir e receuoir puręmant: an l'ung dat-
ter, an l'autrę, dacter, e an l'autrę dabter
(Car il ſecrìt an troęs ou quatrę ſortęs) il nę
lęſſęt pas pourtant dę ſauoęr quę c'ęt quę les
moz ſinifięt.   E aſſez d'autręs qui ſę trou
uęt an Françoęs, ecriz diuęrſęmant, ſont
pourtant aſſez antandùz des Françoęs an
toutęs ſortęs, pour réſon dę l'accoutumancę e
quotidien vſagę d'iceus.   Mémęs quant
vnę dictiõ ęt diuęrſęmãt tirę, ſi ęt cę qu'on
nę l'antãd pas moins pourtant.   Cõmę quãd
les vns diſęt peuuęt, les autręs peuęt, e ancoręs les autręs peulęt, ſi n'i à il cęlui qui nę ſa
chę bien ſans autrę auęrtiſſęmant quę c'ęt la
tiercę pęrſonnę plurierę du vęrbę ję puis, com
bien qu'il n'i ęt quę l'un des troęs qui ſoęt
lę vrei mot. E quand les vns diſęt allaßions,
les autręs allißions, déquéz l'un ęt regulier
e l'autrę non, ſi ęt cę quę tout lę mondę ſet quę
c'ęt adirę.   E an pourroę dirę aſſez d'autręs
déquéz la diuęrſit e n'ampeſchę point l'intęllig'ancę quãt a ceus qui ſont du païs e ſ'an-

tandront toujjours assez facilemant tandis
que le langage sera maternel. A cette
cause, j'estime que pour le tans presant, on
ne fèt ni grand plesir ni grand tort aus Frã-
çoes de leur vouloèr changer leur Ecritture:
E de dire qu'il i an aura qui ne sauront que
ce sera, quand iz liront tête, fête, tampéte
sans s : cors, tans sans, p e les autres, il faudroèt bien que les moz fussét mal appliquéz
e ag'ansez, s'il n'i an auoèt assez d'autres
parmi, qui an decouurissét la sinification :
Car les moz qui se mettét an tant de façons
les vns auec les autres, font vne structure
qui se presante a notre jugemant, ni plus ne
moins qu'an bátimant fèt de chaus, de sable,
de pierres, de boes, e brief de tant de diuer-
ses matieres, déqueles i an à aucunes que nous
ne pourriõs pas parauãture dire si tót a quoe
elles font bonnes, si nous ne les voiyons einsi
accommodees. C'èt donq principalemant
pour le tans a venir qu'il faut polliçer notre
langue: Nous pouons antandre qu'elle n'èt pas
pour durer toujjours an vulguere nomplus

qu̧ le Greq e Latin. Toutȩs chofȩs periſſȩt
fouz lȩ Ciel, tant ſ'an faut qu̧ la gracȩ des
moz puiſſȩ touſiours viurȩ. E partant il nous
faut efforcer dȩ la reduirȩ an art, non point
pour nous du tout, mȩs pour ceus qui viuront
lors qu'ȩllȩ nȩ ſȩ trouuȩra plus telȩ qu'ȩllȩ
ȩt dȩ prefant, finon dȩdãs lȩs liurȩs. Prȩnons
examplȩ a nous mȩ́mȩs. Nous nous dȩbatons
tous les jours a qui prononcȩra mieus la lãgu̧
Grequȩ e Latinȩ : l'un dit qu̧ telȩ lȩttrȩ ſȩ
pronõcȩ einſi, lautrȩ d'unȩ autrȩ fortȩ, e l'autrȩ d'unȩ autrȩ : e ſi n'auõs qu̧ l'Ecritturȩ fur
quoȩ nous puiſſions aſſoèr jugȩmant : car lȩ
vulguerȩ ȩt pȩrì. E nȩ rȩgardons pas qu̧
nous nous condannons nous mȩ́mȩs, approu-
uans tȩſiblȩmant qu̧ la prolation ſȩ doèt con-
noȩ́trȩ e juger par l'ecritturȩ an la cherchant
dȩdans l'Ecritturȩ. Si donq nous panfons
qu̧ notrȩ lãgu̧ doȩu̧ durer aprȩs qu̧ la prolation maternȩllȩ an ſȩra aboliȩ, otons la po-
fterite dȩ la peinȩ ou rous fommȩs dȩ prefant pour les languȩs acquifitiuȩs : Donnons
lui tandis qu̧ nous auons loȩſir, un miroȩr lȩ

plus vreí e lę plus cęrtein quę nous pourrons:
dę dans lęquel ęllę an puiſſę voèr l'imagę la
mieus randuę qu'il ſęra poſſiblę . Et quand
nous lui aurons donnè vn habit lę plus juſtę
quę nous lui pourrons talher, nous n'aurons pas
pęrdù notrę tans, męmęs pour lę preſant: Car
par cęla nous dōnęrons a connoętrę aus etran
gers qui la goútęront, quę c'ęt vnę languę qui
ſę peùt reglęr , e qu'ęllę n'ęt point barbarę:
car lę plus qu'an puiſſę ſęruir lę reglęmant
pour lę tans preſant, c'ęt pour les etrangers,
aúquéz il faut apprandrę à la prononcer:Car
combien qu'iz viegnęt lę plus ſouuant ſus les
lieus, toutęffoęs ſi n'i dęmeuręt iz pas ſi lōn-
guęmant quiz puiſſęt auoèr loęſir d'an rętęnir la naiuę prolation. Męs cę peu dę tans
qu'iz ſōt hors dę leur païs, c'ęt, cōmę mōſieur
Dębezę męmę diſoęt , pour voèr, e apprandrę les meurs e façons dę viurę, qui ſer-
uęt a l'antrę g'ant. Dauātagę il nę faut point
doutter, qu'il nę ſę trouuęt dęs bōs eſpriz, qui
antandęt bien vn langagę ſans aller ſus les
lieus: męs iz nę lę ſauęt parler: an quoę l'E-

critturę les ſoulaggroèt ſingulieręmant ſi ęllę etoèt conformę a la prolation. Quant aus
François, ęt il poſſiblę qu'on leur puiſſę ferę
tort, an ecriuant vn mot autręmant qu'il n'à
dę couſtumę? pouruù qu'on tandę a l'ecrirę
plus propręmant? Fęra lon pęrdrę la ſinification oulę ſans dę ces moz ętrę, pętrę, connoętrę pour anoter vn ſ? Vèut on ferę a croęrę a vn peuplę quę l'intęllig'ancę dę ſon langagę gìt an vn papier, e nompas au parler? an
l'Ecritturę e nompas an la prolatiõ? an l'eulh,
e nompas an l'oreilhę? Ię ſauroę' volontiers
pourquoę vn parler natif dę chaquę pais a e-
tè appelè non ſeulęmant langagę, męs languę
mémę, ſinon par cę qu'il ęt obg et dę l'ouię. E
auęc cęla ię dęmandęroę' volontiers, ſi les
moz qui ſont par ecrit ſont autręs moz quę
ceus quę la languę prononcę. Cę mot mé-
trę quand il ęt proferè ſans ſ, ęt il autrę quę
lui mémę quãd il ęt appliquè an l'Ecritturę?
A mon auis qu'il n'i à hommę qui lę voulút
dirę. Si donq les moz tant ſus la languę quę
ſus lę papier ſõt touſiours moz e touſiours ſi-

nifiet dę mémę, pourquoę ſecriront iz e ſſ
prononcęront diuerſ&mant? l'eulh an regar-
dant vnę Ecritturę, doęt il étrę jugę plus
competant, ou doęt il auoęr plus dę priuilegę
quę l'oreilhę an ecoutant? Lę ſigneur Sauua
gę print la parollę e dit. Il ęt vrei morſieur
Dauron, quę la parollę ęt l'obget dę l'ouię:
męs c'ęt autrę choſę dę l'Ecritturę: laquelę
ęt non ſeulęmant obget dę l'ouię, męs auſſi des
yeus: e cęla et ant, vous nę ſaurięz nier, quę
quand les yeus e l'oreilhę tous deus auront a
operer an męmę lieu, e qu'iz auront tous deus
moyen dę tranmęttrę leur obget a l'eſprit,
qu'il n'an ſoęt beaucoup plus ſatiffęt, e qu'il
n'an jugę beaucoup mieus. A quoę repondit
Daurõ, Ie vous dì quę l'eulh n'à quę voęr quãt
a l'intęllig'ancę des moz: il n'i à autrę inſtru-
mant quę l'oreilhę qui nous fací ſuſceptiblę
dę doctrinę: dę ſortę qu'a vn hõmę ſourd dę na
turę par nul artificę ni inuantion on nę pourroęt apprandrę a parler ni pareilhęmant fęrę concęuoęr choſę qui appartięgnę aus diſci
plinę qu'on appelę ſermocinalęs. E quant

a l'eulh qui nous eidę a lirę, il nę fęt autrę cho
-sę quę randrę a l'oreilhę cę qu'il à autręffoęs
pris d'ellę: Car il faut quę pręmier on nous
ęt mōtrę verbalęmāt la puiſſancę des lęttręs
qui ſont, pour examplę, an cę mot Monſtrę
quę nous antandons pour vnę choſę qui ęt contrę naturę: Lęquelęs einſi aſſamblęs, l'eulh
qui ęt l'un des mediateurs dę la memoęrę, allors nous fęt fęrę jugęmant dę la prolation
ſeulę, e nompas ancoręs dę la ſinification du
mot, ſinon que nous l'aions appriſę d'alheurs:
Męs quand nous voions monſtrę pour montrę
qui ſinifię l'apparancę e repreſantation dę
quelquę choſę, l'eulh plus tót nous dęçoęt qu'il
nę nous addreſſę, an nous fęſant croęrę quę
tous les deus moz ſinifięt męmę choſę: cę quę
n'ęt pas vrei.   S'il ęt donq einſi quę l'eſprit
nę puiſſę rien comprandrę dę la prattiquę dę
parler ni d'ecrirę, ni la mein n'an ſachę ſinon
cę quę l'eſprit lui à montrę, n'ęt cę pas ręſon
quę tous troęs ſoęt d'accord anſamblę?   E
ici j'ę a repondrę a deus poins les plus gene-
raus, e quę monſieur Dębęzę à alleguęz

pour les plus fors: L'un ét l'uſagé, l'autré l'E-
timologié .   Quant au prémier, ſi j'accor-
doé auécqués lui du nom, jé conféſſé qué cé
ſéroèt vné réſon bien forté contré moé, e m'i
faudroèt longuémant arré ter .   Més qu'elé
apparancé i à il d'appéler vſagé, cé qui ét
contré la réſon? quelé vſucapion i peùt il a-
uoèr an mauuéſé foé, d'uné choſé qui ét publi
qué eſpirituellé, e qui plus ét contancieuſé
antré ceus la mémés qui pretãdét l'uſucapion?
e ſi einſi ét qu'iz n'ét jamés etè d'accord anſamblé, n'ont iz pas plus tót béſoin dé iugés
qui les reglét, qué d'étré touſiours an cé dif-
férant ? Car dé diré qu'il i ét manieré aucuné d'ecriré qui ſoèt cérteiné, il ſéra aſſéz ma
nifeſté qué non an produiſant la mein dé tãt
dé ſortés d'ecriueins, qui ét ſi diuérſé. E ancorés qu'ellés fúſſét pareilhés, faut il appéler
vſagé, cé qui à etè tolerè interim, e nompas ap
prouuè ? E ancorés qu'il út etè approuuè faut
il pas régarder par quelés g'ans ç'à etè e dé
quelé autorite ? E brief ſi l'autorite i etoèt
antréuénué, né faut il pas qu'an matieré ſi

priuilegieȝ, l'autorite ſoèt confirmeȝ dę la
Réſon? laquelę ęt an poſſeſsion proprę e con-
tinuęllę dę tous ars e profeſsions? Dauantagę c'ęt contrę l'ordę e diſpoſition naturęllę
qu'on ęt dęuiſè ou talhè vn accoutręmant a
vn cors qui n'etoèt pas ancoręs bien formè.
On ſ'èt quę notrę languę ęt cruę dępuis peu
dę tans ança dę juſtę grandeur: e męmęs
croèt ancoręs tout dę vuę. Lors dit Ian
Martin, Monſieur Dauron, il mę famblę,
ſauf meilheur auis, qu'unę accoutumancę, ancoręs qu'au commãçęmant ęllę ſoèt peu equi-
tablę, toutęffoęs ęllę peùt par tret dę tans,
prandrę lę nom d'uſagę: Commę lon voèt an
diuęrs pais non ſeulęmant diuerſite, męs auſsi
contrariete dę coutumęs, la ou il faudroèt
dirę quę l'unę fút bonnę e l'autrę mauuęſę, ſi
n'etoèt l'obſeruancę qui ęt telę, e qui les fęt
trouuer legitimęs: telęmant qu'il n'ęt loęſi-
blę d'i contręuęnir. Outrę plus quant a cę
quę vous dittęs quę c'ęt choſę contrę droęt e
réſon qu'on talhę vn accoutręmant a vn cors
qui n'à ancoręs pris ſa formę, ję di quę la

langué Françoesé dé tout tans, cõbien qu'ellé né fút pas si polié commé ellé ét meinténant, si etoèt cé ponrtant touſjours vn cors:
Car noz anciens ſan ſeruoèt e ſan contãtoèt
auſſi bien pour diré cé qu'iz vouloèt diré; commé nous féſons aujourd'hui dé cellé
qué nous auons: e ét certein qué leur langué
ſé méttoèt par ecrit auſſi bien qué meinténant la nôtré.   Dauron repondìt, Cé n'ét
pas choſé pareilhé des Langués e des Coûtumés: Car les Coûtumés ſont particulierés, e
partant c'ét réſon qu'ellés ſoèt fondeés ſus
quelqué occaſion particulieré.   Més ſil e-
toèt einſi dé l'Ecritturé, il faudroèt qu'an
telé contreé e telé on ecriuìt diuerſémant,
ancorés qué lé langage fút pareilh, qui ſéroèt
vné confuſion: Car il faudroèt autant dé di-
uers Caractérés dé léttrés, qu'il i auroèt dé
villés: Més puis qu'an tant dé païs iz antré
prenét d'uſer dé mémés léttrés, la réſon leur
conſeilhé d'an vſer dé pareilhé ſorté: ou pour
lé moins ſil i à dé la diuerſite, qué cé né ſoèt
point antré vné nation, e g'ant dé mémé lan-

ᵹaᵹȩ. E quant au ſȩcond point, jȩ vous confȩſſȩ quȩ la languȩ Françoȩſȩ à touſjours.etè
Languȩ, e par cȩ moien à touſjours etè capa-
blȩ d'ȩtrȩ ecrittȩ, combien qu'il i an ȩt aujour-
d'hui qui nȩ ſȩ peuuȩt ecrirȩ, commȩ on dìt
du Baſquȩ e du Brȩton brȩtonnant. Mȩs
ſuffiſȩ quȩ la languȩ quȩ nous auons nȩ fùt jamȩs dȩ tout commancȩmant dȩ ſi durȩ dige-
ſtion. Si faut il pourtant quȩ vous confeſſèz
quȩ commȩ vn cors croȩt e ſȩ ramplit, il à bȩ-
ſoin d'un habilhȩmant ſinon dȩ diuȩrſȩ façon, a tout le moins d'unȩ autrȩ mȩſurȩ. E
dauantangȩ mon opinion ȩt quȩ noz predȩ-
cȩſſeurs, ancorȩs qu'iz fúſſȩt vn peu groſ-
ſiers an matierȩ dȩ langagȩ, ſi etoȩt iz plus
ſagȩs quȩ nous an l'Ortografȩ, laquelȩ pour lȩ
plus repõdoȩt a leur prolation: e croȩ quȩ noz
anciens diſoȩt beſtȩ, honneſtȩ e meſtier par
ſ: e n'ȩt choſȩ qui nȩ ſoȩt croyablȩ, par cȩ quȩ
cȩ païs ici à etè autrȩffoȩshabitè par g'ans qui
auoȩt la languȩ, tout einſi quȩ la manierȩ dȩ
viurȩ, plus robuſtȩ quȩ nous n'auons aujourdhui: Mȩs dȩpuis quȩ les Françoȩs ont etè an

I ij

pęs, iz ont cõmancè a parler plus doußęmant,
è, si j'osoę' dirę, plus mollęmant. Nę les auons
nous pas vùz si subgèz a leurs Damęs, qu'iz
úßęt cuidè étrę peche mortel dę prononcer
autręmant qu'ellęs, e s'estimoèt heureus dę
les pouoèr imiter an gracę e an langagę?
Męs cõmant úßęt iz pù fęrę autręmãt qu'iz
nę leur vßęt donnè lę seruicę dę la languę,
vù qu'iz leur vouoęt e dedioęt lę corps e l'a-
mę? E dę la ęt vęnu emißions, parlißions,
donnißions, combien quę ceus dę notrę païs,
e ceus dę Gascongnę, e Languędoc sę cõno és-
sęt a tel parler. Dę mémę lieu ęt vęnu ję
vous assúrę, e meins autręs moz qui sę prononcęt a pętit bec. Mémęs par vn dęsir dę
parler doußęmant, nous sommęs chùz au vicę d'affectation pręmieręmant, puis sommęs
dęmeurèz an controuęrsę e differant dę plusieurs moz. Aujourdhui les vns dißęt ei-
mer, les autręs emer: les vns j'emoęę, les autręs męttęt i ouy an la penultimę e disęt j'e-
moęyę, j'oęyę, e les autręs: Les vns disęt reinę, les autręs roinę: Mémęs a la plus part dęs

Courtiſans vous orrez dirę, iz allęt, iz vę-
nęt, pour, iz alloęt, iz vęnoęt. Męs, commę auſſi toucha hier lę ſigneur Dębęzę, c'ęt
a eus a panſer ſi c'ęt bien parlè. Au par-
ſus les vns diſęt pleſir, les autręs pleſir par
vn e plus cler: les vns peïs pour pais: E peyer
pour payer. Il ęt bien vrei qu'on obeït volontiers a vnę coútumę qui complęt aus orei-
lhęs, e quę la coútumę nous donnę congé quelquęffoęs dę falhir ſouz ombrę dę douſſeur.
Męs ſi faut il bien auiſer, qu'au lieu d'ętrę
dous, nous nę nous montrons moúz e effemi-
nęz. Or ſi nous ſommęs contreins dę ręcęuoèr telęs prolations, a tout lę moins la plus
part, commę nous fęrons a la fin, puis quę les
ſigneurs e damęs l'antrę prenęt: nę leur fęſons
point d'honneur a dęmi:ecriuons commę nous
parlęrons:affin qu'iz nous ſachęt gre dę tout.
Au dęmeurant, auiſons ſi nous dęuons anſui-
urę noz anciens e an quoę: I'eſtimę quę cę
nę ſęra pas au parler:car nous fęrions tort au
prouęrbę tout commun, qui nous dît, qu'il faut
vſer des moz preſans, e des meurs du paſſè.

Donq a bonnę réſon ſę moquęroèt on dę moę,
ſi ję diſoęę aujourdhui, monſieur noſtrę maiſtrę, an fęſant tout valoèr, commę nous pre-
ſumons qu'iz fęſoęt anciennęmant, Or du
tans qu'iz ecriuoęt e diſoęt einſi, c'etoęt bien
dìt e bien ecrìt.   Męs meintęnant quę nous
pronõçons autręmant, pourquoę nę nous montrons auſſi ſagęs commę eus an cęla, qui voulons étrę vùz plus ſagęs antant d'autręs androęz? E puis quę ję ſuis ſus lę changęmant
dę la prolation, quę monſieur Dębęz ę à pris
a ſon auantagę, ję montrerè facilęmant quę
cęla fęt pour moę: Car la cauſę qu'unę prolation changę ęt qu'unę Languę n'ęt pas ancu-
ręs vęnuę a ſon degre dę perfection e conſi-
ſtancę: e partant ęllę n'à pas dęquoę èllę puiſſę étrę miſę an etat, ni diſpoſeę par reglęs.
Nę voions nous pas dę la languę Latinę dępuis qu'ęllę à etè redigeę an formę, c'ęt a dirę
dępuis qu'on an à fęt vnę Grammerę, dę laquelę depand l'Ortografę, commę chacun ſèt,
qu'ęllę n'à point pris dę changęmant dępuis.
E voila pourquoę il n'ęt pas bęſoing dę fęrę

vne Grammere sus vne langue, sinon qu'on
panse qu'elle soèt venue au plus haut point
de son excellance . Car les Grammeres se
doeuet compoſer sus l'uſage preſant, e nompas sus le paßè ni sus l'auenir : Auec cela
ceus qui vienet apres, preſumet touſjours que
ceus qui les ont fettes, soèt perſonnages qui
ſachet antieremant que c'et de la langue : au
moyen de quoe iz panſet ètre obligèz a les
croere. Prenons donq qu'aujourdhui notre
langue soèt an sa plus grãde vigueur : e pour
example que la prolation de ces moz conneu,
de ceu, veu, peu e les autres qne nous pronon-
cions nagueres par diftongue an la derniere,
soèt changee an ù simple, e que nous veilhons
qu'elle demeure la, ſera ce réſon que nous l'e-
criuons touſjours ? Comme les Latins qui disoèt premieremant e ecriuoet voltus, fiet, me-
didies e autres, n'ont iz pas changè l'ecritture auec la prolation , quand vultus e fit ſont
venuz an vſage ? Ou si d'auãture notre langue se doèt ancores mieus limer qu'elle n'èt,
pour le moins an corrig'ant les vices qui ſont

dę preſant an notrę Ecritturę cę ſęrd autant
dę bęſongnę fęttę, e autant deſchargè dę peinę ceus qui viendront apręs nous: léquéz ancoręs ſauront par cę moyen commę lon prononçoęt dę notrę tans: E ſ'il auient qu'ęllę
ſę changę an mieus, iz accommodęront leur
modę d'ecrirę a leur modę dę parler, commę
nous aurons fęt a la notrę.   Toutęffoęs il j à
nę ſè quéz ſegręz parmi la naturę, qui nous
font juger quę notrę languę n'à point à
monter gueręs plus haut qu'ęllę ét : Car ſ'il j
à comparęſon des choſęs ſamſiblęs aus intęl-
lectuęllęs, e ſi j'oſę dirę einſi, des corporęl-
lęs aus ſpirituęllęs, ſans point dę douttę la lan
guę Françoęſę approchę fort dę ſon but.
Nę voions nous pas les diſciplinęs, les ars li-
beraus e mecaniquęs, commę j'auoęę dìt dès
lę commancęmant, ętrę reduìz quaſi a l'ex-
trèmite dę cę quę l'homme an peùt comprandrę? Nę voions nous pas les etaz, les magni-
fiçancęs e ſomptuoſitez ętrę an telę eſſancę,
qu'ęllęs n'an peuuęt plus, e quę leur grandeur
nę ſauroęt plus ſi peu croętrę qu'ęllę nę les

aſſommę? Brief, nę voions nous pas les ęſpriz
ſi ouuęrs, e qui commancęt a vouloęr paſſer ſi
auant, qu'il faut non ſeulęmant qu'iz dęmeuręt, męs ancoręs qu'iz ręculęt arrierę? Or
an cę periodę vniuerſęl, commant pourra vnę
languę ſeulę antrę tant dę profeſſions e choſęs
mondeinęs allonger ſes limitęs? Qui antrę-
tient les languęs an leur beaute ſinon la magnifiquę conuerſation des hommęs, tout einſi
quę lę boęs lę feu? Et voila pourquoę dę prę-
ſant chacun ſ'efforcę par vn nę ſè quel couragę extrordinerę d'aggrandir toutęs choſęs,
commę ſ'il n'i falloęt plus rętourner: Voila
pourquoę nous ſantons quę ſi nous voulons anrichir notrę languę, il ſę faut hâter: dę peur
quę les moyens nous an falhęt tout au coup: e
quę nous nę puiſſions plus rien fęrę, ſinon dę
lui annoblir cę qu'ęllę aura dę richeſſę, an
nous efforçat dę la fęrę aller par tout lę mondę. Suiuant notrę droęt propos, ję ſuis e-
bahi quę ceus qui veulęt quę l'ancięnnę Ortografę demeurę auęc la nouuęllę prolation,
nę panſęt quel ęrreur e moquęrię cę ſęroęt ſi

nous ecriuons aujourdhui homs pour hommę
dex pour dieu : il ot pour il ùt : commę on lìt
an ces vieus liuręs ecrìz alamęin ? E millę
autręs moz qu'iz diſoęt au tans paſſè, la ou
principalęmant iz mettoét la lęttrę ſ quaſi
par tout, cōmę bons pour bon : caus pour cauts
E de la ancoręs nous ſōt dęmeurèz beaucoup
dę moz qui, peùt ętrę, cę corrigęront auęc
peu dę tans : Commę quand nous diſons ję fęs,
ję mę tęs, ję puis : Car dę notrę tans nous a-
uons vù falhir ję viens, ję tiens, ję prans, e
tantót faudra ję connoęs pour ję vien ję tien,
ję pran, ię connoę̀ : qui ſ'an vont tous frans e
vęçùz.   Si ęt cę qu'il j à des irregularitez
an Françoęs qui n'auront jamęs loęſir dę ſę
corriger : Commę quand nous diſons dę gue-
rir guerì, e dę ferir, ferù, e dę querir quis : dę
dirę dìt, e dę lirę, lù, dę rirę, rìs : dę ſuffirę,
ſuffì : dę ferę fęt, dę terę, tù : dę prandrę,
prìs e dę randrę randu : qui ſęroęt ancoręs
peu dę cas, ſans la diſſamblancę qui ęt aus
tans des verbęs, léquéz ję nę nommę point ici
dę peur dę ſambler dreſſer vnę Grammęrę

pour vnɇ Ortografɇ.   Iɇ vien meintɇnant
au sɇcōd point quɇ j'auoɇɇ antrɇpris a soudrɇ,
qui ɇt l'Etimologiɇ, dɇ laquelɇ lɇ signeur Dɇ
bez ɇ fɇt si grand contɇ: E cɇrtɇs jɇ nɇ la deſ
ſeſtimɇ pas: e nɇ veulh point dirɇ qu'ellɇ nɇ
ſeruɇ beaucoup a l'intɇllig'ancɇ des moz :
Mɇs voyons ſi ellɇ nɇ ſɇ doɇt pas plus tót e dɇ
plus prɇs conſiderer ſus lɇ parler quɇ ſus l'E-
critturɇ: e ſi cɇ nɇ ſont pas deus choſɇs apart
que l'Etimologiɇ e l'Ortografɇ. Prɇmierɇ-
mant quãd nous voulons deriuer quelquɇ mot
d'un autrɇ, nɇ lɇ prononçons nous pas ſelō qu'il
nous ſamblɇ étrɇ biɇn tirè ? quoɇ quɇ ſoɇt
quand lɇ mot commancɇ a ɇtrɇ an vſagɇ (car
il n'ɇt pas ɇſè dɇ deriuer vn mot bien directe-
mant quand lɇ vulguerɇ ſan mɇlɇ) la deri-
uɇſon n'ɇt ellɇ pas toutɇ fɇttɇ auant quɇ lɇ mot
ſoɇt ecrit ? oui cɇrtɇs. E partant il mɇ ſam-
quɇ pour l'ecrirɇ an vnɇ ſortɇ ou an autrɇ il
nɇ ſɇra doranauant ni mieus ni pɇ deriuè.
Ici dìt Ian Martin: Il ɇt bien vrei quɇ la de-
riuɇſon ɇt touſ jours mɇmɇ an toutɇs ſortɇs:
Mɇs ſi ɇt cɇ lɇ proprɇ dɇ l'Etimologiɇ, quɇ

lę mot approchę dę cęlui dont il ęt deduìt au
plus pręs quę ferę ſę peùt: Commę quand nous
fęſons dę vinum vin, dę venire vęnir: dę do-
nare, donner, e les autręs.   Oui bien, dìt Dauron, an cęs mos quę vous dittęs, e ancoręs an
quelquęs autręs, commę dę bonus, bon, dę Di-
uinus diuin, dę doctrina doctrinę: la ou vous
ſauèz qu'il nę ſę męt rien qui nę ſę prononcę?
Męs an ceus ci quę vous ecriuèz testę, eſcri-
vę: Itam contract, aduęnir, haultéur, dampner, ręcepuoir e autręs infiniz, dittęs moę
quel tort ję ferè a l'Etimologię an les ecriuāt
ſans ſ, c, d, l, pm, nomplus qu'an les pronõçant?
E ſi an les ecriuant ſans telęs lęttręs, l'Etimo
logię vous ſamblę corrompuę, qu'ęt cę qui
m'ampęſchęra d'an panſer autant an les oyāt
prononcer ſans lęs lęttręs męmęs? Testę com
mę vous l'ecriuèz vient dę Testa, e toutęffoęs
vous męttèz e au lieu d'a a la fin: e nę ſaurièz
dirę quę cę fùt pour autrę ręſon ſinon par cę
quę l'e ſę prononcę e nompas l'a an maiſtrę
vous ótèz lę g qui ęt an magiſter e cę pourautant qu'il nę ſę prononcę point: an eſcrirę

vouſ ajoutèʒ e au commancǫmant car la prolation lǫ veùt einſi.   Quǫ ſi l'Etimologiǫ
ęt moins connoęſſablǫ pour oter vn p. dǫ cors,
e dǫ tans an les ecriuant, qui viegnęt dǫ
Corpus e Tempus, il ſ'an faut prandrǫ a la pro
lation qui à etè auant l'Ecritturǫ, e qui à fęt
la prǫmierǫ corruption, ſ'il i an à. Męſ ſ'il
à ſamblè bon a l'uſagǫ qu'il fút einſi pronon
cè, quel inconuǫniant i à il dǫ l'ecrirǫ auſſi ?
N'etǫs vous pas bien ęſǫ dǫ trouuer occaſion
dǫ rǫprandrǫ vnǫ manierǫ dǫ g'ans qui diſęt
vn coup d'etoc an leur rǫmontrant qu'il faut
dirǫ eſtoc ? cǫ quǫ vous nǫ leur ſaurièʒ mon
trer ſinon an i mǫttant la lęttrǫ ſ, commǫ euſ
qui panſęt bien fęrǫ an nǫ la mǫttant point.
Si vous voulièʒ montrer par ecrit la diffe-
rancǫ du Françoęs qui dìt mętrǫ, fętǫ, nótrǫ
e vòtrǫ, d'auęc lǫ Prouuançal, Toulouʒein ou
Gaſcon, qui dìt męſtrǫ, fęſtǫ, noſtrǫ voſtrǫ,
an quelǫ ſortǫ lǫ ſaurièʒ vous mieus declerer
ſinon an la mǫttant quand ęllǫ i doęt ętrǫ, è
an l'ótant quand ęllǫ n'i doęt point ętrǫ ? Lorſ
dìt Sauuagǫ, Iǫ lǫ declereroę' an diſãt qu'an

Françoés ꝭllꝭ nꝭ ſꝭ prononcꝭ point, e au Prou)
uançal ſi voꝭrꝭ mꝭs, dìt Dauron, Si c'etoèt
an autrꝭ matierꝭ quꝭ l'Ortografꝭ , e quꝭ
vous fiſſièz quelquꝭ trettꝭ, commꝭ an Dia-
loguꝭ ou quelquꝭ autrꝭ ouuragꝭ, auquel vous
vouluſſièz jntroduirꝭ vn Prouuançal parlãt
a l'úſagꝭ dꝭ ſon pais (cõmꝭ Petrarquꝭ mꝭꝭmꝭ
à mis du Prouuançal parmi ſes rimꝭs Italien-
nꝭs) voudrièz vous a chaquꝭ mot fꝭrꝭ anno-
ration an la margꝭ pour auꝭrtir les Lecteurs?
Cꝭrtꝭs jꝭ croè que non : Car auꝭc cꝭ quꝭ telꝭs
apoſtillꝭs ſꝭroèt peniblꝭs e annuyeuſꝭs, anco-
rꝭs ſꝭroèt cꝭ choſꝭ ridiculꝭ, d'antrꝭlaſſꝭr les
reglꝭs dꝭ Grammerꝭ parmi les ecriz dꝭ com
poſition ſerieuſꝭ. Donq il mꝭ ſamblꝭ quꝭ lã
prolation doèt ꝭtrꝭ mꝭtrꝭſſꝭ, ſoèt an aioutãt
ou an otant les lꝭttrꝭs dꝭ l'Etimologiꝭ. Iꝭ
ſauroè volõtiers pourquoè vous mꝭttèz deus
ll antutꝭllꝭ cautꝭllꝭ quꝭrꝭllꝭ, qui viꝭnt dꝭ
tutela, cautela, e querela, ſinon par cꝭ qu'il vous
à ſamblè quꝭ la prolation vous l'à conſeilhè ?
Pourquoè mꝭttèz vous aſpiration an haut
qui viꝭnt dꝭ altus, ſinon pour la mꝭmꝭ cauſꝭ?

Quant a çęllę quę vous męttèz an heritiér,
hęrbę, hommę, honneur e brief an tant d'autręs qui deçandęt du Latin aſpirè e qui pourtant nę ſę prononcęt point, ję m'an rapportę a
vous, e n'an fęrè ſamblant dę rien: męs il n'i
auroęt nomplus d'inconuęniant an les ótant
dę la ou ęllęs nę ſę prononcęt point qu'an les
męttant la ou ęllęs ſę prononcęt. Itam, pourquoę męttèz vous deus ſſ an triſtęſſę, lieſſę
qui vienęt dę letitia, triſtitia, la ou n'i à point
dę ſ? męs ſeulęmant l'E critturę ęt fondeę ſur
çę qu'au Latin on prononcę (ſoęt a tort, ſoęt
adroęt) tia commę ſ'il i auoęt ſia: E toutęffoęs
vous n'an fęttęs pas autant an gráçę qui vient
dę gratia. E votrę rèſon ęt quę pour exprimer l'e dę la ſęcondę ſillabę dę triſtęſſę qui
ęt cler, il n'i à autrę moyen quę dę męttrę ſ a-
pręs, pour lui donner ſon. Męs il mę ſamblę quę c'ęt pris a rębours, dę dirę qu'unę lęttrę ſuiuantę puiſßę alterer la puiſſancę d'unę
precedantę. Dauantagę, l'Etimologię n'ęt
ęllę pas aſſez apparantę an tętę, fétę, e ecrirę, ſans i męttrę vn ſ? nj dęmeurę il pas du

cáracterɇ aſſez? Combien d'autrɇs moz i à
il, léquez ecriz a la modɇ vulguerɇ nɇ rɇtie-
nɇt pas tant dɇ rɇ ſſamblancɇ? Commɇ eſtrɇ,
ancorɇs qu'il dɇmeurát auɇc ſ, ſi nɇ connoɇ-
troɇt lon point ſi clerɇmant qu'il vint dɇ eſſe
commɇ bɇ̃tɇ ſans ſ dɇ beſtia. Autant ɇt il dɇ
maiſtrɇ, paiſtrɇ: Itam femmɇ, tiltrɇ, e infiniz autrɇs, poſè ancor' qu'iz ſoɇt ecrìz à
l'appetit du populerɇ. Partant quelɇ anxie-
tɇ auons nous ſi grandɇ ſus l'Etimologiɇ? Prɇ
nõs gardɇ aus languɇs vulguerɇs qui ont leur
originɇ du Latin antant dɇ moz, e toutɇffoɇs
l'Etimologiɇ ɇt ſi diuerſɇmant tirɇ, e conſe
quammant diuerſɇmant ecritte, combien quɇ
les moz viegnɇt d'unɇ mɇ̃mɇ ſourcɇ.   Comme quand l'Italien dit, honorɇ, l'Eſpagnol
honra e nous honneur : l'Italien connoſcere,
l'Eſpagnol conocer, e nous connoɇtrɇ. l'Italien
poͧero, l'Eſpagnol poure, e nous pͧourɇ: l'Italien viuerɇ, l'Eſpagnol viuir, e nous viurɇ :
l'Italien huomo, l'Eſpagnol hombrɇ, e nous
hommɇ. l'Italien notte, l'Eſpagnol nochɇ,
e nous nuit: e infiniz autrɇs, qui ont mɇ̃mɇ

originɇ, mɇs qui par neceßite ſ'ecriuɇt diuɇr
ſɇmant non pour autrɇ cauſɇ ſinon pour la di-
uɇrſite dɇ prolation .   Donq ſi les deriuɇ-
ſons nɇ ſont ſi expreßɇs, e ſi j'oſɇ dirɇ einſi,
nɇ ſont ſi voiablɇs aus vns moz commɇ aus
autrɇs, la partiɇ dɇ Grammerɇ, qui ɇt dɇ
l'Etimologiɇ, doɇt ſatiſſɇrɇ a cɇla, an expli-
quant cɇ qui ɇt dɇ diuɇrs, cɇ qui à etè rɇtenù
dɇ l'original, cɇ qui an à etè otè, cɇ qui i à etè
ajoutè : e nompas l'ortografɇ qui ɇt inuantɇ
pour autrɇ choſɇ, e qui à ſon officɇ a part .
E peùt ɇtrɇ quɇ quelquɇfoɇs ſɇ fɇra vn trette, dɇdans lɇquel ceus qui ſont ſi ſcrupuleus
pourròt voɇr la differãcɇ qu'il i à antrɇ l'Ortografɇ e l'Etimologiɇ: combien quɇ la dɇr-
nierɇ mɇ ſamblɇ dɇuoɇr ɇtrɇ moins ſongneu-
ſɇmant cherchɇɇ . Nɇ voyèz vous pas Feſtɇ
Pompeɇ qui tirɇ des moz aucunɇſſoɇs qui ſam
blɇt vɇnir dɇ ſi loin ? E mémɇmant Varron,
auteur dɇ ſi parfondɇ erudition e jugɇmant?
lɇquel à etè ſi ſuperſticieus an cettɇ partiɇ,
quɇ beaucoup dɇ g'ans doctɇs nɇ ſ'eſtimɇt
pas tɇnùz dɇ lɇ croɇrɇ . Par plus fortɇ réſon,

K

ſ'il nous falloèt touſjours ſi ſongneuſęmant
ręcourir aus originęs etrangęs, pour montrer
quę les languęs vienęt les vnęs des autręs (ancoręs quę j'eſtimę la verite telę) quel deſe-
ſpoęr nous ſęroèt cę, d'aller quęrir tant dę lan
guęs anciennęs qui ſont perięs ſi long tans à?
Nous commancęrions pręmieręmant a la notrę : e cęrteinęmant nous an trouuęrions la
ſourcę dędans la Latinę : nompas dę tout lę
cors, ni dę tout l'imagę, męs dę la plus grand'
partię des phraſęs e des moz. Sęcondęmant
il nous faudroèt voęr dou vienęt les moz Latins. E nous trouuęrions qu'unę grand' partię vient du Greq : Męs quand nous ſęrions
là, ję croę quę cę nous ſęroèt forcę dę dęmeurer : ancoręs quę notrę cupidite nę fút point
aſſouuię : par cę quę les Gręz ſę ſont ſi bien
gouuęrnęz a la conduittę e diſtribution dę
leurs biens, qu'iz ont voulù acquęrir cę bruit
d'an auoęr dęparti a tout lę mondę, e dę n'an
auoęr pris dę perſonnę : combien quę ię nę
doutrę point qu'iz n'an vſſęt pris partię des
Egipciens, partię des Caldeęs, e des autręs

leurs predeceſſeurs e voęſins. Męs a finę forcę dę męttrę an leur langagę toutęs choſęs
dinęs d'ętrę ſuęs, les auȩrȩs ſę ſont euanouìz
e lę camp ęt dęmeurè aus Gréz : dę ſortę quę
toutę l'Etimologię qu'iz ont uę, iz l'ont telęmant trettęs, qu'iz ont donnè antandrę quę
leurs moz qui auoęt deduction c'etoęt du
Greq mémę : e dę ceus qui l'auoęt dę dęhors,
iz l'ont ſi bien ſupprimęs qu'il n'an a etè nouuęllę dę peur, commę il ęt e ſè a croęrę, qu'on
les eſtimát andettèz a autrui. Les Latins
qui tout vn tans n'ont ù an ręcommandation
autrę choſę quę les guęrręs, n'ont point ù l'opportunite ni l'auiſęmant dę ferę commę eus,
ou ſiz l'ont ù, il leur à ctè impoſſiblę d'i par-
uęnir, tant pour l'auoęr voulù fęrę trop tard,
quę pour lęs ampruns qu'iz leur falloęt fęrę
dę la Grecę mémę, etans ancoręs manifeſtęmant pöuręs. Męs qui doutttę qu'iz nę l'úſſęt fęt ſiz úſſęt pù? Car la grandeur d'unę
languę e la ſplandeur nę gìt pas an l'Etimologię : ancoręs auroę̀ ję bien peur quę plus tót
ęllę nę fút cauſę dę la randrę moins honora-

K ij

blᶒ: ſi cᶒ n'etoᶒt qu'ᶒllᶒ fút annoblíᶒ d'a-
lheurs, commᶒ par lᶒ moyen dᶒ la monarchiᶒ:
e des lᶒttrᶒs. Car d'autant quᶒ les hiſtoᶒrᶒs
e croniquᶒs des nations memorablᶒs ſont dᶒ-
ſireᶒs dᶒ tout lᶒ mondᶒ, e les lᶒttrᶒs autant dᶒ
leur part: il faut quᶒ la languᶒ ou ᶒllᶒs ſont
redigeᶒs courᶒ dᶒ païs an païs cõmᶒ les mon-
noᶒs: e commᶒ les piᶒrrᶒs precieuſes e autrᶒs
marchandiſes qui vienᶒt d'outrᶒmer. Pour
rᶒuᶒnir a la curioſite dᶒ votrᶒ Etimologiᶒ
(car il nᶒ mᶒ ſamblᶒ étrᶒ ancorᶒs tans d'an
ſortir) iz ſᶒ trouuᶒt beaucoup dᶒ moz ecriz
fort barbarᶒmant an Françoᶒs dont l'Etimologiᶒ ét cauſᶒ. Pauſèz quel honneur cᶒ
nous ᶒt d'ecrirᶒ comptᶒ par mp par cᶒ qu'il
vient dᶒ computum: Itam ſolampnᶒl e con-
dampner, commᶒ ſi nous diſions an Latin
ſolempnis e condempnare, téz quᶒ dᶒ verite
on les trouuᶒ ancorᶒs einſi ecriz an quelques
bouquins du tans paſſè. Iz ecriuᶒt auſſè
Comtᶒ par m par cᶒ qu'il vient dᶒ Comes: més
ſi c'ét bien fᶒt, jᶒ m'ebahi commant iz nᶒ ſᶒ
font auiſez d'ecrirᶒ ſamtᶒ par m, par cᶒ qu'il

vient dȩ semita, e traim, par cȩ qu'il vient dȩ trames: faim, dȩ fames, e d'autrȩs infiniz. D'autrȩ part tous les ecriueins Frãçoȩs pour sȩ montrer beaucoup fauoèr, e pour garder a toutȩ rigueur leur Etimologiȩ, ont tous obſtinemant ecrit cȩ mot fcauoir par vn c an la prȩmierȩ, panſant qu'il vint dȩ fcire: combiȩ qu'il viegnȩ regulierȩmant e au vrei dȩ fapere, commȩ rȩcȩuoèr, dȩcȩuoèr dȩ recipere, decipere, einſi qu'on peùt voèr par l'Italien qui dìt mȩmȩs fapere an l'infinitif, pour fauoèr: Car c'ȩt choſȩ aſſez communȩ quȩ noz moz Françoȩs ont pris l'u conſonȩ pour lȩ p ou b Latin: Commȩ dȩ habere, auoèr, debere, dȩuoèr, rapere, rauir, cooperire, couurir, febris, fieurȩ, Aprilis Auril. E dȩ la fȩ peùt cõnoȩtrȩ la fautȩ dȩ ceus qui an telȩ manierȩ dȩ moz rȩtienȩt lȩ p ou b latin: Car auȩc cȩ qu'iz nȩ fȩ prononcȩt point il i à vnȩ autrȩ lȩttrȩ qui tient la placȩ. Aucunȩffoȩs lȩ p latin fȩ tournȩ an b, pour l'affinite qu'iz ont anfamblȩ commȩ dȩ apricus, abri, combien qu'il finifiȩ tout lȩ contrerȩ dȩ fon originȩ

K iij

E pourtant ceus mę ſamblęt vouloèr ętrę
trop ſuttiz qui ecriuęt Conſtantinoplę pour
Conſtantinoblę : Car combien qu'an cę mot
lę h nous apportę, cę ſamblę, autrę origi-
nęq uę lę vrei, ſi ęt cę qu'il lę faut andurer auęc la prolation, joint qu'il n'ęt point
autręmant mal appliquè.

Or ęt cę quę la plus part dę ceus qui obſeruęt
ſi curieuſęmant les lęttręs originallęs (j'antans autāt an la proprę dedučtion qu'an l'improprę) a mon auis nę lę font pour autrę cauſę, ſinon dę peur qu'iz ſoęt reputèz ignorans
de la languę dont ſont tirèz les moz : Commę creignans qu'on panſę d'ęus qu'iz ęt mal
prattiquè lę Greq ou lę Latin, iz lęſſęt les
diftonguęs, an cœleſtę, fœminin, pœnę, pœ-
nitancę, fœlicitę, æſtimer, ſophaouę, Ae-
thiopien, ſphærę, e an mil autręs. la ou les
pouręs g'ās nę ſongęt pas qu'an Greq e en Latin telęs diftonguęs ſę doęuęt prononcer : cę
quę n'antandoęt point les bōnęs g'ans du tans
paſſè, qui prononçoęt celum, femina, mechus,
e les autręs par e ſimplę : E ancoręs aujour-

dhui a peinɇ ſ'an trouuɇ il dɇ mil vn, qui prononcɇ autrɇmant, tant lantɇmant ſ'an vont
les vicɇs, qui toutɇ ſſoɇs croɇſſɇt ſi a coup. Les
autrɇs cuidɇt auoèr trouuè vn grand ſegrɇt,
quand iz mettɇt vn c an la penultimɇ dɇ ces
moz, naiſçancɇ, counoɇſçancɇ, croɇſçancɇ,
par cɇ quɇ nous diſons naſcor, cognoſco, e cre-
ſco, la ou iz dɇuroɇt ſonger quɇ téz moz an
ancɇ n'ont point d'originɇ Latin qui ſoɇt di-
rectɇ, mɇs c'ɇt lɇ vrei Caractɇrɇ dɇ la languɇ. combien quɇ jɇ nɇ veulhɇ pas dirɇ qu'il
n'i an ɇt beaucoup dɇ téz qui déſçandɇt du
Latin tou droɇt, commɇ ſciancɇ, experiancɇ:
Mɇs quãt a nɇſſancɇ e connoɇſſancɇ, iz ſont
vɇnuz dɇ nɇſſant, e connoɇſſant, comme infiniz autrɇs. Iz mɇttɇt vn b an la ſɇcondɇ
pɇſonnɇ dɇ l'Indicatif, jɇ doɇ, e ecriuɇt tu
doibz, commɇ ſ'ellɇ vɇnoɇt dɇ debes e nompas
dɇ ſa prɇmierɇ perſonnɇ doɇ, la ou iz nɇ mɇttɇt point dɇ b. Mɇs j'ɇſtimɇ qu'iz ont ù hon-
tɇ dɇ lɇ mɇttrɇ a la fin dɇ la diction; combien
toutɇ ſſoɇs qu'iz n'ɇt pas leſſè d'an mɇttrɇ dɇ
ſamblablɇs an ces moz pied, neud, loup. E

K iiÿ

m'ebahi qu'a cẹ contẹ iz n'ont ecrĩt la sẹcon-
dẹ pẹrſonnẹ dẹ croè par vn d, commẹ vẹnant
dẹ credis: e tu vads commẹ vẹnant dẹ vadis.
Vrei ẹt qu'il faut prandrẹ gardẹ a cẹrteins
moz qui vienẹt du Latin ſans moyen, e nompas du Françoẹs: Commẹ Prononciation e
prolation nẹ vienẹt pas dẹ prononcẹr e proferer: mẹs dẹ Pronunciatio e prolatio: perfecſion
dẹ perfecſio, e nompas dẹ parfẹrẹ: einſi qu'il
ẹt manifeſtẹ dẹ corruption e deſcription: E
pareinſi on doẹt mẹttrẹ ſ an deſcription par
cẹ qu'ellẹ ſẹ prononcẹ, e nompas an decrirẹ: e
n'an faut fẹrẹ difficulte nõplus quẹ dẹ mẹttrẹ
vn t an mutation, e nõpas an muer: vn a an de-
claration, e vn e an declerer. Iz mettẹt auſſi
la voiẹllẹ o pour la ſẹcondẹ lẹttrẹ dẹ ces moz
noeud, coeur, par vnẹ grand curioſite dẹ
rẹtẹnir lẹ Latin, e nẹ rẹgardẹt pas quẹ c'ẹt
l'ordinerẹ quẹ l'o Latin ſ'an alhẹ an eu Frã-
çoẹs: commẹ dẹ dolor, douleur: color, couleur:
toutẹffoẹs on pourroẹt dirẹ quẹ cẹ n'ẹt pas
directẹmãt, mẹs c'ẹt par cẹ qu'anciennẹmant
les Françoẹs diſoẹt doulour, coulour, lan-

pour, ſauour, déqueꝫ nous auons ancorǫs do-
:loureus, ſauoureus, langoureus : tous léqueꝫ
pour plus grand' douſſeur ont etè mis an eur,
e n'ęt quaſi dǫmeurè qu'Amour qui ęt tǫnu
bon (j'antans lǫ mot e non la choſǫ) commǫ
dǫ cǫ qu'on diſoęt nou, on an à fęt neu. E dit
on aujourdhui auſſi ſouuant lꝫeuurǫ, treuuǫ,
epreuuǫ, cômǫ couurǫ, trouuǫ, eprouuǫ : E inci-
dămant faut ici dirǫ quǫ pour la mǫmǫ cauſǫ,
les ſupins ſeu, peu, teu, deu, conneu ont etè mis
an ſù, pù, tù, dù, connù : itam aſſeúrǫ, alleúrǫ,
montúrǫ, jeúner, an aſſúrǫ, allúrǫ, montúrǫ,
júner, e beaucoup d'autrǫs. Mǫs ancorǫs j'à
il vnǫ autrǫ manierǫ de g'ans qui mǫ ſam-
blǫt étrǫ abandonnez des medǫcins, léqueꝫ
nǫ ſè pourquǫ ou ſi c'ęt pour corriger lǫ
Magnificat, ou ſi c'ét pour la mǫmǫ ſieurǫ
qu'ont les autrǫs (mǫs pour lǫ moins iꝫ l'ont
vn peu plus áprǫ) ecriuǫt texturǫ, pour titu-
rǫ, dors pour dos, a cauſǫ qu'il vient dǫ dor-
ſum : olmǫ pour ormǫ par cǫ qu'il vient dǫ
Vlmus : e quaſi ſont auſſi maladǫs ceus qni
ecri uǫt vn diuin, vn Medicin, vn cymitie-

rȩ, pour vn dȩuin, vn medȩcin, vn cõmȩtierȩ:
e mille autrȩs. Surquoȩ il mȩ souuieut dȩ ceus
qui ecriuȩt parmi lȩ Frãçoȩs les nons proprȩs
purs Latins: Cõmȩ an parlant des Rõmeins, iz
diront, Lȩ richȩ Craſſus, lȩ magnifiquȩ Lu-
cullus, l'heurȩus Metellus, lȩ bȩlli queus Scipio Affricanus, l'orateur Hortenſius, e tant
d'autrȩs. E nȩ puis aſſez pãſer quelȩ réſon les
meùt. Sauuagȩ prȩnãt la parollȩ, Iȩ ſuis dìt il,
dȩ ceus la: e ſi vous n'ȩn ſauèz laréſon, jȩ la
vous dirè. Prȩmierȩmãt je dì quȩ Lucius Lu
cullus ȩt Françoȩs ſans lȩ changer: car notrȩ
lãguȩ rȩçoȩt toutȩs ſortȩs de tȩrminéſõs, e an
cȩcy à ȩllȩ plus dȩ libȩrte quȩ la Touſcanȩ qui
finìt tous ſes moz par voiȩllȩ: ſȩcondȩmãt jȩ
dì qu'il nȩ nous ȩt pas pȩrmis dȩ changer lȩs
proprȩs nons: Car ſi jȩ dì Lucȩ Lucullȩ, il ȩt
cȩrtein qu'il n'auoȩt pas nom einſi. Dauãtagȩ
téz proprȩs nons einſi tournèz ſont cõmuné-
mãt durs a l'oreilhȩ, e par einſi on les léſſȩ po
lȩ mieus an leur naturȩllȩ couleur. A quoȩ
repond Dauron, Iȩ nȩ ſè pas dìt il, pourquoȩ
vous diĉtȩs quȩ la lãguȩ Frãçoȩſȩ rȩçoȩt tou-

tęs terminéſons: Męs ſi j'auoę' loéſir, tãt ſoęt
peu, d'i pãſer, ję vous an diroę' quelquęs vnęs
dont ęllę n'ęt point capablę, nę fút cę qu'an o e
an x, e pour lę moins an um: ou ſi vous an trou
uèz, ję croę' quę cę ſęra a grãd' peinę. Or ſil
ęt einſi qu'ęllę n'ã ęt point dę telęs, ou dę quelquę autrę quę cę ſoęt, il mę ſamblę quę ſans
réſon vous dirèz Scipio an Frãçoęs: vù mę-
męmant qu'au contrerę les nons qui ſę męttęt
nouuęllęmant an vnę languę ſont volontiers
formez a la ſamblancę e caracterę naturel
d'icęllę: qui ęt quę les nons an io Latin ſę tour-
nęt an ion Françoęs: commę nation, legion,
opinion, e les autręs. Dauantagę, ancoręs quę
ję vous confeſſaſßę toutęs terminéſons étrę
ręcęuablęs an Françoęs, ſi n'ęt cę pas pourtant a dirę, quę lęs moz peregrins i doęųt
étrę appliquèz tous antiers. E quãt a cę quę
vous dittęs qu'il n'ęt pęrmis dę changer les
propręs nons, ję ſauroę' volontiers, ſil ſę doèt
trouuer meilhęur qu'on dię, l'hiſtoęrę dę Pli-
nius, quę l'hiſtoęrę dę Plinę : les Gorgiquęs
dę Virgilius, quę les Gorgiquęs dę Virgilę

E croè qu'an vous teſant vous dittes que non:
mes peùt ętre qu'an confeſſant de ceus la,
vous ne confeſßerèz pas de tous autres.
Auſsi ne ferè je, dit Sauuage: par ce que
ceus la ſont vſitèz, e ſont an la bouche de
tout chacun, e les autres non. Auec cela
iz ſont durs, a tourner, comme j'è deſja dìt:
Car l'oreilhe ne peùt bonnemant andurer,
Gaje, Puble, Quinte, Cnee e autres. Iẽ n'i
voè point de réſon, dìt Dauron, aus vns plus
qu'aus autres: Mes pour le moins, ſi vous re-
connoeſſez pour bons Virgile, Horace, Pli-
ne, deſja l'une de voz réſons ęt nulle: Car
bien ſachant que ce ſont nons traduiz, vous
les approuuèz: e toute ffoes vous ſauèz bien
qu'iz n'auoęt pas nom einſi. Acheuons
meintenant d'examiner le ſurplus: Vous dittes que Gaje, Puble, e les ſamblables ſont
durs a l'oreilhe, mes vous mémes vous etes re-
põdù, que c'ęt par ce qu'iz ne ſont pas vſitèz.
S'il vous plęt dittes moè que c'ęt qui nous peùt
ampeſcher de les randre vſitèz, ou pour le
moins de les mettre an voèe de l'ętre? Car

Virgilǫ, Plinǫ, Horacǫ, nous ont etè quelquǫ foǫs inuſitèz.　Puis voici vnǫ autrǫ ręſon quǫ j'ajoutǫ.　Ia ſoèt quǫ Publǫ ſoèt
nouueau, voęrǫ dur, ſi vous voulèz, j auroèt
il pourtant apparancǫ qu'an voulant dirǫ an
Françoęs lǫ nom e ſurnom des Rommeins,
vous diſſiez, Cneus Pōpeǫ Magnus, Publius
Virgilǫ Maro, Quintus Horácǫ Flaccus,
Cajus Plinǫ Secondus, moitie Françoęs moitie Latin? Cęrtǫs vous auèz bien dìt quǫ
Publǫ, Quintǫ, Cneǫ ſont moz nouueauz : e
ſi ſont bien aſſez dǫ ſurnons : męs la réſon
qui n'ęt pas trop a notrǫ honneur, ęt quǫ les
Françoęs nǫ ſǫ ſont pas grandǫmant ſoucièz
dǫ téz nons ni dǫ leurs hiſtoęrǫs, juſquǫs a-
preſant .　Car ſi les fęz des anciens Rommeins úſſęt etè pris antrǫ meins auſſi tót e auſſi vulguerǫmant cōmǫ les euurǫs dǫ Virgilǫ,
Horacǫ, Terácǫ, les noms Françoęs ſǫroèt jæ
pieça tous formèz e tous appriuoęſèz : E ſans
cǫla, pourquoę ęt cǫ quǫ Gajǫ, Publǫ, Cneǫ,
noǫs doęuǫt ſonner plus durǫmant quǫ Marc?
Auiſons ſi les Latins ont à cǫ ſcupulǫ là? lé-

quéℓ ont dìt Hercules Demofthenés, Achilleſ,
Vlyſſes, Philippus, Alexander e tous autrℓs:cō-
bien quℓ manifeſtℓmãt cℓ nℓ fút pas leur nom
maternℓl.   Vrei ℓt qu'un nom proprℓ ſℓ doèt
lℓ moins deguiſer quℓ lon peùt:E trouuℓ mℓi-
lheur Valerℓ Maximℓ, ou Fabℓ Maximℓ,
quℓ nompas Valerℓ e Fabℓ lℓ grand : commℓ
Charlℓmagnℓ,meilheur quℓ Charlℓs lℓ grãd.
Toutℓffoℓs ſi on mℓ vouloèt preſſer ſi fort,
qu'on mℓ voulút prandrℓ aus chℓueus, pour
confeſſer quℓ tous deus ſont bons, j'emℓroè
mieus l'accorder pour auoèr patiancℓ: commℓ jℓ nommerè plus volontiers Publℓ Sillℓ
l'Heureus, quℓ Felicℓ ou autrℓmant, e n'i à
pas grand mal dℓ lℓ dirℓ einſi, quand cℓ ſont
nons facilℓs a randrℓ e qui ont etè balhèz
par quelquℓ ſingularite ou pour quelquℓ an-
ſeignℓ.   Mℓs ſi faut il auoèr diſcretion an
cℓla:Car nous nℓ dirious pas Mucℓ Gaucher
pour Mucℓ Sceuolℓ, ni batard ou champi,
pour Spurℓ : Mℓmℓs nous nℓ changℓrions pas
lℓ nom dℓ Ceſar qu'on dìt lui auoèr etè donnè
a cauſℓ qu'a ſa nℓ ſcãcℓ lℓ vantrℓ dℓ ſa merℓ

fut inſiſè, ou ouuert.   E pour cęla, ję nę ſuis
point bien d'accord auęc ceus qui diſęt Seint
Ian Bouchę d'or, pour ſeint Ian Criſoſtomę:
par cę qu'il n'ęt pas aſſez antãdiblę pour nom
d'hommę: toutęffoęs a leur commandęmant.
Pour ręprandrę propos, ſi vous croièz les
Latins an cas dę verſion dę nons propręs,
vous lę perdrèz tout contant, léquéz mémęs
chãgęt Adam, Abrahã, Iacob, an Adamus,
Abrahamus, Iacobus: E ancoręs ſi vous eſti-
mez a hõneur quę nous nous reglons a noz cõ-
tamporeins, c'ęt a dirę a noz paréz, nę voièz
vous pas quę les Italiens, déquéz la languę à
ſuccedè a cęllę des Rommeins ſans moien, ont
formè tous les nons propręs an leur vulguerę,
cõmę iz úſſęt plus grãd interęt, e plus grãdę
occaſiõ dę les lęſſer an Latin quę nõpas nous?
Par cę qu'iz etoęt du païs e dę la racę: l'antiquite dę laquelę cõſiſtę au nõ e aus armęs.
Les Eſpagnóz an vſęt dę mémę les Italiens:
e ſi croę qu'il n'i à natiõ qui an úſę autręmãt,
fors quę nous. Il j à ancoręs an cęci vnę cõtra
riete antrę nous autręs męrueilheuſęmãt nou-

uelle: Car il s'an trouue an France qui veulét
ętrę nommèz par vn nom Latin, voęrę e an
ont si bien gagnè qu'on nę les appellę point au
tręmant qu'an Latin, par cę quę leur nom
maternęl sét quasi perdù : pour lę moins il à
etè par intęrmißion si bien ignorè, qu'il n'i à
qu'eus qui lę sachęt.   Ię parlę dę ceus qui
sę sont acquis vn nom Latin par la profęßion
des lęttręs: qui etoęt chosę proprę e necesserę.
Car si vous voulèz ecrirę an Latin, vous nę
dirèz pas Dionysius Sauuagę, Ioanni Martin S. eins Dionysius Seluagius Ioanni Mar-
tino ou autręmāt an Latin a votrę discretion.
Męs außi apręs quę vous sęrèz connù par
cę nom Latin, quand cę viendra quę vous
ecrirèz an Françoęs vous nę dirèz pas Dę-
nis Seluagius a Ian Martinus Salut : Commę
nous an voyons quelquęs vns qui lę font, e mémęs prenęt vn grandißimę plesir a ętrę appę-
lèz, monsieur de Campis, mõsieur Fontanus,
síz ont nom, deschans ou dę la fõteinę: V oęrę e qui les appellęroęt autręmant cę sęroęt
crimę dę lęzę majeste. V oęrę męs, dìt Ian

Martin, quãd vous nę ſauèz leur nom àu-
tręmant? A quoę dít *Dauron*, Ię n'i voę
point dę ręmedę an cę cas la : Commę quand
on dit monſieur *Syluius*, cęla ęt pęrmis pour
doublę cauſę, l'unę ęt cęllę quę vous dittęs:
l'autrę ęt qu'un maladę qui l'à ouï touſjours
einſi nõmer, ſi on lui fęt cas d'unę ordonnan-
cę fęttę par lui, e qu'on nę lę nõmę einſi commę il là appris, il n'an guerira pas ſi tót : Car
vous ſauèz qu'an cas dę maladię, il j à deus
poinz qui nę ſont pas legers pour ręcouurę-
mant dę ſantę, l'un ęt lę bruit du Medęcin,
l'autrę qui an depand, la confiancę. E apręs
quę nous úmęs vn peu rís, *Dauron* pourſui-
uìt, diſant, Ię m'ebahì ancor' dę ceus qui an
traduiſant d'unę langue vulguerę an autrę,
veulęt antieręmant rętęnir les propręs nons
des hommęs : e ceus la mę ſamblęt grandę-
mant falhir : Car ſíz ręgardęt combien il
ſęroęt impęrtinant des nons propręs des païs
e des villęs, íz trouuęront quę c'ęt pareilhę
ręſon dę ceus des hommęs. Combien ſęroèt il
meſſeant dę dirę an Françoęs, lę roiaumę dę

L

Napoli, ou Neapoli? la cite dę Fioreuza, oų
Fireuza? la cite dę Vinegia, Vinetia oų
Venetia? pour lę roiaumę dę Naplęs, la ci-
tę dę Florancę, ou dę Vęnizę. Itam la Si-
cilia, la Pouglia, la Calabria, pour la Sicilę,
la Poulhę, e la Calabrę? Car au pis aller, ſi
on nę pouoęt bonnęmant les tourner, lę ręmedę ſęroèt dę dirę qu'on l'appęllę einſi e einſi
an la languę: combien quę les Latins n'ęt jamęs eſtimè cęla impoſſiblę an leur androęt.
Commę nous voions an Ceſar quand il parlę
des nons dę noz villęs e dę noz hommęs Gau-
loęs, qui lui etoęt pour lors ſi barbaręs: e toutęſ
foęs il les à Latinizèz. Si aujourdhui nous
traduiſions vn auteur Italien qui út decrìt
vnę hiſtoęrę anciennę, quand nous trouuęrions quelquę nom d'un pęrſonnagę Rōmein,
qui toutęffoęs ſęroèt an Italien, lę voudrions,
nous plus tót lęſſer Italien quę lę fęrę Françoęs, ancoręs quę nous fuſſions ſeurs quę ſon
droęt nom etoęt Latin? ou bien ſi nous eme-
rions mieus nous męttrę an peinę d'aller chęr-
cher lę mot Latin, quand nous nę lę ſaurions?

D'autrɇ côte, ſi nous voulions traduirɇ vn̄
Italien qui ût decrit des hiſtoɇrɇs Françoɇ-
ſɇs, commɇ l'Arioſtɇ, nɇ ſɇ moquɇroèt on pas
dɇ nous ſi nous diſions Orlando, Rinaldo,
Malagigi, Ruggier, Medoro, Angelica,
Parigi, Inghilterra, e les autrɇs? Cɇrtes cɇ
ſɇroèt vnɇ fautɇ inſinɇ. E an cet androɇt, jɇ
mɇ declerɇ côtrɇ ceus qui affeᵉtɇt ſi fort ɇtrɇ
vùz Italiẽs, qu'iz emɇt mieus dirɇ ſoldat quɇ
ſoudart, Caualɇriɇ quɇ Cheualeriɇ. combien
quɇ Arquɇbuzɇ tiegnɇ deſja placɇ an Frācɇ, e n'ɇt point pour an partir ɇſémant:
mɇs ſi jɇ ſuis contreint dɇ lui pardonner, cɇ
ſɇra an donnant antandrɇ aus autrɇs qu'on nɇ
leur fɇra pas cettɇ gracɇ: Car qu'ɇt il queſtion dɇ mandier les moz d'alheurs, puis quɇ
nous an auons d'autrɇs a notrɇ portɇ, e nommémant quaſi dɇ mɇmɇ moúlɇ? E ſi on mɇ
dìt qu'iz nɇ ſont pas ſi proprɇs, jɇ dì quɇ ſi,
par cɇ quɇ l'uſagɇ les a approprièz, ni plus
ni moins qu'un valɇt, lɇquel nɇ nous etant
bon du commancɇmant, toutɇſſoɇs nous l'ac-
commodons a noz complexions, e nous mɇmɇs

a vnç partiç des siennçs, pour an tirer serui-
çç, puis qu'autrçmant il nous faudroèt seruir
nous mémçs. Telçs g'ans nç pansçt pas la
vreiç façon d'anrichir la languç Françoéſç:
Car par leur manierç dç ferç on l'estimçroèt
touſjours ſouffreteuſç, e qu'ellç nç ſçroèt rç-
uetuç quç des plumçs d'autrui.   Il faut çtrç
discret an matierç dç deductions.   Les moz
ampruntèz ſç doeuçt randrç domestiquçs an
les habilhant dç notrç liureç, e leur balhant
vnç teinturç qui nç ſ'an alhç a l'eau fort, ni d
la çandreç.   Par cç moyen nous trompçrons
noz creanciers: qui ſçront tous ebahiz quç
nous dçuiendrons plus richçs qu'eus, ſans
qu'izſ appçrçoeuçt quç cç ſoèt du leur. E nç
faut pas ferç commç ceus qui nç veulhçt parler autrç languç que la leur, quand iz ſont an
etrangç païs: car ſ'iz ſç ſoèt autrçmant, ancorçs quç par cçla iz ſamblçt estimer leur
languç aſſes richç, ſi ſ'appçrcçuroèt iz quç
par tranlation, manimant e rapport dç l'unç
auçcquçs l'autrç, la leur ſç pourroèt ancorçs
façonner e augmanter dç beaucoup. Pour rç-

tourner an propos, Cę qui mę fęt ręprandrę
l'Ecritturę vulguerę, n'ęt point principalęmant l'abus quę nous commettons an la puiſſancę des lęttręs Latinęs . Car combien quę
nous prononçons lę c auant e, i, commę ſi c'e-
toęt ſ: cōbien quę nous pronōçons lę g e l'i conſonę l'un cōmę l'autrę la ou nous abuſōs dę tous
deus : cōbien quę nous pronōçons mal la lęttrę
q accōpagnęę dę l'u: cōbien quę nous abuſons
dę la lęttrę ſ antrę deus voyęllęs : dę la conſonę v, e męmęs dę la voyęllę: dę la lęttrę
doublę z : toutęffoęs d'autant quę ję voę̀
tout cęla ętrę quaſi incorrigiblę, ſi cę n'ęt æ
grand' difficulte e longuer dę tans, j'emę autant lęſſer paſſer cęla par amour quę par forcę. Męs ję voudroę̀ bien qu'an cę dont nous
abuſons au moins nous nę fuſſions point inconſtans, c'ęt a dirę quę nous nę charg'aſſions
point abus ſus abus. Commę an quoę? dit Sauuagę. Pręmieręmant, dit Dauron, vous a-
buſèz du c an luy donnant auant a, o, tantót
lę ſon d'un lz, tantót dun ſ. Commę an decæ,
leçon, façon: la ou vous lę ſonnèz commę ſ:

L iĳ

e quaſi generalₑmant an autrₑs têz moz,
vous lₑ ſonnèz an lz.   Lors dìt Sauuagₑ,
Quắt a cₑla, nous i auốs remₑdiè long tans à:
Car nous auons pris lₑ c à lz euₑ, qui ₑt ſam-
blablₑ a la lₑttrₑ ſ an figurₑ e an puiſſancₑ.
Bien dìt Dauron, Iₑ trouuₑ cₑla bien bon, e
j'an vſₑ aſſez voulontiers: e ſè bon gre a ceus
qui nous l'ont apportè : e a mon auis nous nₑ lₑ
dₑuons a autrₑs qu'aus Eſpagnóz, auſquéz
il à etè e ₑt fort frₑquant dₑ longuₑ mein. E
mₑ̂mₑs les Apoſtrofₑs qui ont etₑ trouueₑs
dₑ notrₑ tans, mₑ ſamblₑt bien proprₑs: combien qu'il i ₑt des Imprimeurs qui nₑ font cõ-
tₑ d'an vſer: Mₑs jₑ croè bien quₑ c'ₑt par cₑ
qu'iz nₑ ſauₑt a quoₑ ellₑs ſont bõnₑs, ni la ou
ₑllₑs ſₑ doₑuₑt appliquer. Quant a l'acçant
agu qui à etè introduìt du mₑ̂mₑ tans, ſans
point dₑ fautₑ jₑ nₑ lₑ voudroè pas approuuer an la ſortₑ quₑ vous an vſèz. Si ₑt cₑ
pourtant, dìt Sauuagₑ, qu'il nous ſₑrt gran-
dₑmant ſus l'e final quₑ nous appₑlons maſcu-
lin. Voₑrₑ mₑs, dìt Dauron, telₑs ſillabₑs
auₑc cₑ qu'ellₑs ſont coutumierₑmant briè-

męs, ancoręs la naturę dę l'acçant nęt point
d'ętrę mis a la fin d'un mot, combien qu'an
notrę Françoęs cę nous ſoęt quaſi forcę dę
l'y męttrę. Męs vous an vſęs an diuerſęs ſortęs e contreręs, cõmę an ces moz nõmémant,
cõmunémant, priuémãt, obſtinémant, e quelquęs autres dont les ſyllabęs ſont lõguęs:e alheurs vous le męttèz ſus les briĕuęs. Ię ſęroę'
bien d'auis qu'an telęs ſillabęs quę vous appę-
lèz maſculinęs, vous lęſſaßièz l'e tout pur ſãs
lę charger, vû quę cę ſęroęt lę léſſer an ſon
naturęl. Męs dę votrę acçant agu, il ſęra bon
d'an vſer ſus les ſillabęs longuęs, quand il i
aura differancę dę longueur e briĕuętę qui
puiſſę apporter douttę, on pourra męttrę vn
acçant grauę ſus les ſillabęs briĕuęs: commę
il eſchèt ſouuant aus tiercęs pęrſonnęs ſingulieręs e plurieręs des Vęrbęs:léquelęs ſę prononcęt dę męmę ſortę, excettè quę la ſingu-
lięrę ęt briĕuę, e la plurierę longuę. Commę,
il alloęt e iz alloęt il ſoęt e iz ſoęt. Quelquęffoęs außi des pęrſonnęs ſingulieręs les
vnęs ſont briĕuęs e les autręs longuęs, męs

L iiij

c̨'ę́t an diuęrs tans. Commę̨ quand nous diſons, ję̨ croę̀ qu'il ùt: e ję̨ voudroę̨' qu'il út :
Autãt dę̨ fùt e fút:dìt e dít: e aytrę̨s. Auſſi
ſę̨ra il bon dę̨ lę̨ mę̨ttrę̨ ſus la dę̨nierę̨ ſillabę̨
des Vę̨rbę̨s, pour les diſtinguer d'auęc les
Nons. Lors dìt Sauuagę̨, Cę̨ quę̨ vous dit-
tę̨s à bien grandę̨ apparançe : Toutę̨ffoęs ję̨
croę̀ qu'a grand' peinę̨ nous pourrièz vous
ŗegler toutę̨s telę̨s differancę̨s, léquelę̨s com-
mę̨ vous ſauèz, arriuę̨t auſſi bien es Nons
commę̨ es Vę̨rbę̨s. E vous pri'ſi vous panſèz lę̨ pouvę̀r fę̨rę̨, dę̨ nous montrer commant, tandis quę̨ nous an ſommę̨s ſus les propos, e dę̨ nous dirę̨ par ordrę̨, cę̨ quę̨ vous an
ordonnę̨rièz ſi vous etièz jugę̨ an dę̨rnier
reſſort : nompas quę̨ ję̨ vous promę̨ttę̨ dę̨ mę̨
tę̨nir a cę̨ quę̨ vous an dirèz. Mę̨s ſi pran-
drè ję̨ grand plę̨ſir a vous voę̀r an cettę̨ pei-
nę̨. Vrę̨mant dìt Dauron, Ię̨ vous mę̨rcię̨:
vous mę̨ donnèz bien grand couragę̨ d'i antrer. Prę̨mierę̨mant vous mę̨ voulèz fę̨rę̨
fę̨rę̨ cę̨ quę̨ les autrę̨s ont ŗę̨fuſè: d'autrę̨ part
vous dittę̨s quę̨ vous n'an croę̨rèz rien. Quę̨

mę ſęruira il dę l'antrę prandrę? Ię panſoę̀
dít Sauuagę, vous j dęuoę̀r induirę, an diſant quę nę lę ſaurièz fęrę́: e quę cę mot vous
dęúroèt męttrę an trein quăd vous vous ſan-
tirièz piquè. Męs aprés toutę ralhęrię, ję́
vous aſſúrę quę vous ferèz choſę aggreablę
a la compagnię, e croę̀ qu'ęllę nę m'an dedira
pas, dę nous deduirę les moyens par léquéz
vous pretandèz pouoę̀r reformer notrę Ortografę. Puis an ſę tornant vęrs Ian Martin,
N'an etę́s vous pas, dít il, d'auis? E an ſouriant dìt, Ię vous pri' dę l'an prier. Ię creins
l'auoę̀r faſchè an lui diſant, quę ję prandroę̀
plęſir a lę voę̀r an peinę: E quant a cę qu'il
prand pie ſur cę quę j'è dìt quę ję ne tiendrę̃
rien dę cę qu'il dira, j'è ſeulę́mant dìt quę ję
nę le lui promęttoę̀ pas. Non non, dìt Dauron,
vous nę m'auèz point faſchè: cę nę vous ęt
pas choſę ſi ęſeę commę vons cuidèz: Car
quant a cę quę vous dittę́s, quę cę mę ſęra tãt
dę peinę, ſi nę ſęra ęllę ſi grandę, quę ję nę la
pregnę bien an gre: pour vous montrer quę j'è
la modę dę regler mõ E crritturę, e quę ſi vous

antrȩprenièz dȩ regler la vôtrȩ, vous nȩ sau-
rièz par quel bout vous j prandrȩ. Lors dit
Ian Martin, Iȩ vous pri' donq, monsieur
Dauron, qu'à sa rȩquétȩ e a la miennȩ, vous
nȩ vous annuyèz dȩ fȩrȩ cȩ qu'il vous à dȩ-
mandè. E ancorȩs qu'il nȩ s'accordȩ a voz
rè sons (car il ȩt assez antier an sȩs prȩmie-
rȩs apprehansions) si fȩront, peùt étrȩ, beaucoup d'autrȩs, aùquéz vous aurèz fȩt plȩsir.
Iȩ sè bien, dit Dauron, qu'il lȩ faut fȩrȩ,
puis quȩ vous lȩ voulèz, e n'an usȩ jȩ point
d'anuiȩ. Car dieu sèt combien, vous etȩs mal-
ȩsèz aȩconduirȩ. Lors il suiuìt einsi, l'auoȩ'
commancè a parler des abus prȩmiers quȩ lon
a fȩz an la puissancȩ des lȩttrȩs: quant a ceus
la, jȩ n'i touchȩrè point: S'il i an à d'autrȩs
(commȩ il i à) qui lȩs veulhȩt reformer, e
qu'on les veulhȩ croȩrȩ, j'an serè plus ȩsȩ: Iȩ
parlȩrè seulȩmant des sȩcons abus, la ou sȩ
declerȩ l'inconstancȩ, l'incȩrtitudȩ, e irrȩ-
gularite dȩ l'ecriturȩ. E an cȩci nȩ mȩ rȩquȩ-
rèz point si grand ordrȩ: car jȩ mȩ delibȩrȩ
d'an parler einsi qu'il m'an souuiendra. Prȩ-

mierɇmāt jɇ vous dì quɇ nous auons an Françoɇs troɇs fortɇs d'e , commɇ defja à etè ob-
fɇruè par autrɇs. e tous troɇs fɇ connoɇſſɇt an
cɇ mot Fɇrmɇte: e dì qu'il ɇt neceſſɇrɇ dɇ les
fɇrɇ valoɇr tous troɇs an Ecritturɇ , nj plus
nj moins qu'an Pronunciation: L'un fɇra pur
e fɇlon la prɇmierɇ puiſſancɇ qu'il à du Latin,
lɇquel les Poetɇs Françoɇs ont nomnè e ma-
fculin: fus lɇquel nɇ fɇra bɇ foin dɇ mɇttrɇ vn
acçant, finon fus les Verbɇs, commɇ nous di-
fions tantót: L'autrɇ, qui fonnɇ clerɇmant j'æ
accordɇ auɇc Meigrɇt qu'ó i mɇttɇ vnɇ lzeuë
pour an fɇrɇ la diftinction: lɇ tiers quɇ lɇs
Erançoɇs appellɇt e feminin , nous lɇ fɇrons
tel qu'il fɇ trouuɇ an quelquɇs impreſſions, a
la fin d'un mot , quand lɇ fuiuant commancɇ
par voiellɇ, pour finifier qu'il fɇ perimɇ: lɇquel , fi bien m'an fouuient, les Compofi-
teurs dɇ l'Imprimɇriɇ appellɇt e barrè.
Pareinfi iz fɇ voɇrront tous truɇs an ces moz
defɇrɇ, fɇrmɇte , arrɇtɇɇ : e d'iceus vfɇrons
felon quɇ rɇquɇrront les moz qui font dɇ prefant mal ecriz : commɇ fɇrɇ, terɇ, neceſſɇrɇ.

t̨ęt̨, n̨ętr̨, apparoętr̨, tęrr̨, bęll̨, e autr̨s
infiniz. E par c̨ qų ceus qui combat̨t pour
l'Otograf̨ vulguer̨, font ſi grand̨ inſtanc̨
ſus l̨ lęttr̨ſ principal̨mant pour fęr̨ diſtin-
ⱦion des lòngueurs e brieųtez des ſillab̨s:
an obuiant a leur grand' difficultè, j̨ ſ̨rǫ
bien d'auis qų ſus tout̨s ſillab̨s longųs ſ̨
mít l'aȼcȁt agu. E quelqueffoęs ſus les brieųs
c̨lui qų nous appęlons graų, a cauſ̨ d̨ la
differanc̨ qui pèut cauſer ęrreur an męm̨s
mòz, comm̨ j'è dìt: e nompas touſjours: par
c̨ qu'on connoętra aſſez, ſans l̨ męttr̨, qų
les ſillab̨s ou il n̨ ſ̨ra point, ſ̨ront brieųs:
Car la ou nous uſons des lęttr̨s doubl̨s, la ſil
lab̨ ét commun̨mant brieų, fors d̨ la lęt-
tr̨ r, es penultim̨s ſillab̨s quand la dęrnie-
r̨ du mot ét brïeų: comm̨ an nourrir bar-
rer, fęrrer, terr̨, guęrr̨: e les ſamblabl̨s:
Autr̨mant ęll̨ ſ̨ prononc̨ brieų, comm̨
arr̨t, torrant, arriuer, irriter, l̨ quel à r̨-
ȼù doubl̨ rr contr̨ ſon origin̨ Latin: E cō -
bien qų j̨ n̨ veulh̨ ici aſſúrer la regl̨ d̨
la doubl̨ rr tout̨ffoęs c̨la auient l̨ plus ſóu-

nant. Nous prononçons quelquęffoęs la doublę ſſ longuę, commę páſſer, béſſer, gróſſeur,
fúſſę, úſſę e aſſez d'autręs: toutęffoęs ęllę ęꞓ
briëuę lę plus ſouuant : commę chaſſer, lieſſę, triſtęſſę, boſſę, muſſę, gliſſer. Il j à pareilhę obſęruancę an la lęttrę ll doublę. car pour
lę plus ęllę fęt la ſillabę briëuę: commę bęllę,
pucęllę: męs quelquęffoęs longuę, commę mę́l-
ler, gręller la ou pourtant ję ſęroę' bien d'o-
pinion dę deus choſęs l'unę : ou qu'on otát la
doublę ſſ des ſillabęs brieuęs, e qu'on i mít vn
ç alzeuę ſęlon l'exig'ancę, e quę des ll doublęs on n'an fít qu'unę ſimplę : ou bien quę ſus
toutęs ſillabęs longuęs on mít l'acçát agu cōmę j'è dìt. Męs cę ſęra peu a peu, e pour
l'auęnir, qui vaudra. Lę vulguerę abuſę
lourdęmant des deus ll an ces moz, bailler,
faillir, feuillę, mouiller, veiller, la ou il męt ll
pour les ferę ſonner cōmę les Italiens ſonnęt
glia, glię, gli, glo, glu, quand iz diſęt agua-
gliar, morauęglia, moglię, gli huomini, j'ol-
voglio e autręs : e einſi quę les Eſpagnóz ſonnęt la doublę ll quand iz diſęt llorar, llamar

Uaga, alla, marauilloſo, hallar, callꝏ, vellacõ,
e tous ſans exception .   An quoꝍ jꝏ nꝏ dirè
pas quꝏ les Italiens ecriuꝏt bien, ni mꝯꝏ les
Eſpagnóz : mꝯs jꝏ les louꝏ dꝏ cꝏ qu'iz nꝏ ſꝏ
demantꝏt point an leur modꝏ d'ecrirꝏ : e blá-
mꝏ les Françoꝯs qui lꝏ font ſi ſouuant an là
leur : pour a quoꝯ remedier e pour mꝏ fonder
ſus meilheur patron, jꝏ mꝏ rangꝏroꝯ' volontiers a la modꝏ des Eſpagnóz commꝏ la plus
approchãtꝏ du vrei ſon : car quant a l'Italien
gli, il mꝏ ſamblꝏ vn peu trop elongnè, quelquꝏ conſtancꝏ qu'il j èt e quelquꝏ prolation
qui ſoèt peculierꝏ a aucunꝯs nations dꝏ parde-
ça qui diſꝏt aueulhꝏ, pour aueuglꝏ, e reilhꝏ
pour reglꝏ : cõmꝏ ceus des marchꝯs d'Anjou
e Poꝯtou.   Mꝯs voyant quꝏ les Françoꝯs
ſont an trop longuꝏ e fꝯrmꝏ poſſeſsion d'ecrirꝏ, aller, baller, villꝏ, mollꝏ, follꝏ, nullꝏ, par
doublꝏ ll, la ou toutꝏffoꝯs iz nꝏ la ſonnꝏt pas
commꝏ gli Italien ni ll Eſpagnol, jꝏ mꝏ ſuis
auiſè quꝏ nous autrꝏs Prouuançaus e les Tou-
louſeins e Gaſcons fꝯſons unꝏ l aſpireꝏ, e ecriuons balha, melhou, molhꝏ e les autrꝏs.   E

Combiẽ quę peùt étrę, il j èt ancoręs moins dę
cõuęnancę, e qu'il foèt pour famblęr dur dę
primę facę : toutęffoęs par cę qu'il n'èt pas fi
nonueau, cõmę fi jamęs on n'an aouèt vfè an
nullę part, il nę fę dęüra point trouuer fi etrã-
gę, commę dę fęrę vnę nouuęlle lęttrę, attã-
dù qu'il èt vulguęrę an plus d'un païs. Sus
lę propos dę la lęttrę doublę ll, il mę fouuient
du gn, quand nous ecriuons gagner guignę,
vignę, bę fongnę, léquéz nous prononçons cõmę l'Efpagnol prononcę la doublę nn, ou n
auęc titrę, quãd il dìt, tannar, engannar, cõ-
pannero, ninno, danno, annos, fennor e les
Prouuãçaus ę Touloufeins ecriuęt fenhor par
n afpirę. la ou ję confęffę qu'il j à abus an toutęs les fortes. Męs par cę qu'il n'i à point dę lęttrę Latinę qui puiffę exprimer tel fon, e auffi
quę les Italiens an vfęt cõmę nous, ję nę trouuę pas trop mauuęs quę nous aions a an vfer
auęc eus cõmę eus auęcquęs nous: pouruù quę
nous ótons lę g des moz ou il nę fę prononcę
point : commę dę congnoétrę, fignifier, ré-
gner, dígne, e les famblablęs.   Ię vien au

e aſpire, lequel nous auons tout vn, quant a la
prolation, auec les Eſpagnoz : Car quand iz
diſet, hechar, prouecho, mucho, nochȩ, iz lȩ
pronõcȩt cõmȩ nous pronõçons, chartier, choſȩ, mouſchȩ: e cȩla leur ȩt pȩrpetuȩl: mȩs nompas a nous qui ecriuons ſans propros, Caracte-
rȩ cholerȩ, melancholiȩ, echolȩ, dȩ peur qu'on
nous eſtimȩ mauuȩs Grȩz ou mauuȩs Latins:
Vrei ȩt qu'il dȩmeurȩ an beaucoup d'autrȩs
moz qui vienȩt du Greq. commȩ an archeuȩ-
quȩ, archediacrȩ, archȩprȩtrȩ, chiromancȩ,
architecturȩ, mȩs auſſi ſȩ prononcȩt il : E cȩ
pour rȩſon qu'an Francȩ on à touſiours panſé
quȩ x Greq, e ch, Latin ſe duſſȩt einſi proferer. E partant tous les nons qui an ſont tirèz ſȩ prononcȩt einſi an Françoȩs. Car
c'ȩt pourneant qu'aujourdhui aucuns ſeffor-
cȩt dȩ prononcer arquitecturȩ, e arquitrauȩ,
an ecriuant toutȩffoȩs architecturȩ e archi-
trauȩ par c aſpirè par cȩ quȩ meintȩnant il
ȩt trop tard dȩ vouloȩr corriger l'antiquite
quant a la prolation. E plút a dieu quȩ cȩla nȩ
fút vrei qu'an cȩ paſſagȩ ſeul. Pour ſuiurȩ nõ

trȩ propos, les Eſpagnóz prononcȩt la lȩttrȩ
x dȩ mȩmȩ lȩ c aſpire: commȩ quand iz diſȩt
dexar, baxar, relox, quexar: E nȩ ſè dont
leur ȩt vȩnu cȩla (ſinon quȩ parauanturȩ les
ignorans dȩ leur païs vſſȩt prís x pour lȩ x
greq, mȩs ancorȩs ſȩroȩt cȩ touſjours grand
abus): car quaſi par tout alheurs jȩ trouuȩ
leur Ecritturȩ la plus conſtantȩ, e la mieus
policeȩ quȩ nullȩ autrȩ vulguerȩ quȩ jȩ ſa-
chȩ: laquelȩ combien qu'ȩllȩ procedȩ du Latin quaſi autãt quȩ l'Italiennȩ, excettè quelquȩs mòz qu'iz tienȩt dȩ leurs voȩſins d'-
Affriquȩ: commȩ alcançar, alcahueta, ſi
ȩt cȩ quȩ nonoſtant toutȩ Etimologiȩ, iz nȩ
viſȩt jamȩs qu'a la prolation. Commȩ quand
iz diſȩt nunca pour jamȩs, iz n'i mȩtttȩt pas
qu: combien qu'iz lȩ tiegnȩt dȩ nunquam,
par cȩ qu'iz nȩ lȩ pronõcȩt pas: iz diſȩt yo ſe,
cõmȩ nous: mȩs iz nȩ l'ecriuȩt pas cõmȩ nous,
jȩ ſcay: iz diſȩt yotȩ dire, cõmȩ nous, mȩs iz
n'ecriuȩt pas diray par ay. Pour antrȩtȩnir notrȩ c aſpirè, l'Italien lȩ prononcȩ commȩ nous
prononçons qu: car quand il dit che, c'ȩt notrȩ

M

quę:e męmęs iz. disęt chenti an quęlquęs androęz d'Italię au lieu des autręs,quãti.E ſuis
bien d'auis qu'iz. n'an úſſęt pas trop mal: męs
qu'iz. abuſęt euidãmant du c dauãt e,i, qu'iz.
ſonnęt tãt an Latin qu'an vulguerę cõmę nous
ſonnons notrę c aſpire, quand iz. prononcęt
Cicero, commę ſi nous voulions dirę an Fran
çoęs Chicheron,déquéz. ſę dìt ętrę lę ſigneur
Dębęzę: męs il lui plęt einſi, Męmęs quand
iz. veulęt dirę notrę cha, iz. l'ecriuęt cia,
einſi qu'on voęt an ciaſcuno,pour chacun,la
ou l'i nę ſantand commę point, ni plus ni
moins quę quand iz. veulęt exprimer cę quę
nous ſinifię notrę j conſonę,iz. męttęt gi:cõ-
mę giamai gieſu,gioſefo.   E nę voę aucunę
apparancę quant au c : car ſiz. panſęt quę
lę c pur ſę daęuę einſi ſonner auant e,i, pourquoę lę ſonnęt iz. ſi diuęrſęmant auant a,o,
u? e ancoręs pourquoę lę ſonnęt iz. ſi diuęrſęmant, męmęs auant e,i, quand il ęt accom-
pagnè dę l'aſpiration? Or ęt il quę lę c doęt
propręmant ſonner commę u greq. Parquoę
ni nous ni eus n'an vſons bien quand nous lę

ſonnons par ſe, ſi, e eus par notrꝫ chꝫ, chi:
Quant au ſon dꝫ notrꝫ c aſpirè, jꝫ lꝫ léſſꝫ volontiers einſi, tant a réſon quꝫ nous auons les
Eſpagnóz pour compagnons (car la fautꝫ
n'ét pas ſi grandꝫ, fꝫttꝫ an compagniꝫ) quꝫ
pour autant qu'il nous faudroꝫt nouuellꝫ lꝫt-
trꝫ, ſi nous lꝫ voulions rꝫmꝫttrꝫ : Cꝫ quꝫ j'e-
uitꝫ tant quꝫ jꝫ puis. Vous abuſèz auſſi dꝫ
la voiꝫllꝫ u quand vous ecriuèz umbrꝫ, un-
zꝫ, mundꝫ : la ou vous la prononcèz autrꝫ-
mant quꝫ an amprunter , brun , opportun:
Més tout einſi quꝫ vous voulèz vous eider
dꝫ la prattiquꝫ qui fꝫt la differancꝫ antrꝫ les
moz par l'Ecritturꝫ , par plus fortꝫ réſon
la dꝫuèz vous rꝫcꝫuoèr an cet androꝫt, la ou
la differancꝫ dꝫ prolation antrꝫ on e un ét e-
uidantꝫ. E a dirꝫ vrei , quand jꝫ n'auroꝫ
meilheurꝫ fortreſſꝫ quꝫ cettꝫ ci , vù quꝫ
vous vous an voulèz eider contrꝫ moꝫ, jꝫ la
pourroꝫ amployer contrꝫ vous , an vous diſant, commꝫ deſja jꝫ vous panſꝫ auoèr dìt,
quꝫ pour fꝫrꝫ la differancꝫ dꝫ prolation , il
n'ét rien plus rꝫſonnablꝫ, quꝫ mꝫttrꝫ les lꝫt-

M ij

trҿs qui ſҿ prononcҿt, e nҿ mҿttrҿ point cҿllҿs
qùi nҿ ſҿ prononcҿt point. E partant jҿ rҿ-
uienttouſjours a ma reglҿ generallҿ, qu'il faut
ecrirҿ ſҿlon qu'on prononcҿ. An quoҿ ҿt
compris, qu'il faut ſur tout euiter ſuperfluite:
Commҿ quand nous ecriuons la conjonction
copulatiuҿ, et, par t, lequel nous nҿ prononçons nullҿmant, e nҿ lҿ fҿſons ſinon quҿ pourautant qu'ҿllҿ vient du Latin et: quel propos i
à il nomplus quҿ d'ecrirҿ la prepoſition a par
d, qui vient du Latin ad? Lҿquel toutҿſſoҿs
nous n'ecriuons pas: mҿs bien an compoſition
pour ſambler ҿtrҿ grans Latins, einſi quҿ j'è
dìt dҿ aduҿnir, aduocat, adjoindrҿ, E ſi nous
nous voulons regler aus languҿs lҿttrҿes, nous
connoҿtrons notrҿ fautҿ an rҿgardant les di-
ҽtions Latinҿs compoſeҿs, la ou les prҿpoſi-
tions ſimplҿs nҿ ſҿ trouuҿt jamҿs changeҿs,
ſinon quҿ la prolation lҿ portҿ, c'ҿt a dirҿ
pour euiter mauuҿs ſon: Commҿ ad e a, nҿ
ſ'alterҿt point an aduocare ni auocare: an ad-
mittere e an amittere. Vrei ҿt quҿ les Latins
diſҿt appellare, attrahere, annumerare, alligare:

Męs cę c'ęt ajoutè ni diminuè, eins tant ſeulęmant męttrę vnę lęttrę pour autrę a cauzę
dę douſſeur dę ſon qui gìt an prolation. Si
donq ā ſimplę ęt prepoſition Françoęſę, e
auęnir, amęner, ajoindrę ſont moz Françoęs compoſèz d'ęllę, e d'autręs moz qui ſont
antiers, pourquoę les corromprons nous an
ecriuant? E puis ſ'l nę les faut point cor-
romprę, pourquoę corrompons nous les autręs? Commę aduocat, aduis, aduantagę?
Voęrę męs, dit Ian Martin, quę dirèz vous
dę ces moz, abbreger, accroętrę, affier, al-
lier, aggrauer, appęler? il faudroęt donq
an óter la doublę lęttrę. Lors dit Dauron,
Il n'i auroęt pas grand inconueniant dę n'i an
męttrę qu'unę, e an ſęroę' fort bien d'auis,
a cauzę dę regularite. Toutęffoęs par cę quę
quaſi generalęmant an tous moz nous nę prononçons point les lęttręs doublęs, il nę nuira
ni ſeruira dę les iłęſſer. Męs ſi j'an etoę'crù,
on n'i an mettroęt qu'unę. E puis ję ſè bien
quę quelquę dilig'ancę dę bien epęlucher
quę nous puiſsions meintęnant fęrę, il dę-

M iij

mourǵra touſjours quelqué choſé dérrieré
nous. An continuant lé propos dé la ſupér-
fluite, il mé ſamblé qué la lęttré an Françoęs dont nous ſommés plus prodigués c'ęt la
lęttré ſ : commé an beaucoup dé moz dont
j'è parlè e an autrés infiniz : commé proęſ-
mé, blaſmé, troſné, abiſmé, Lors dìt Ian
Martin, Nous mettons volontiers cetté lęttré commé vous vous ſouuenez bien pour ſinifier qué la ſillabé ęt longné. A quoę repondìt Dauron. Si la lęttré ſ, doęt auoèr cet of-
ficé dé montrer la ſillabé longué, pourquoę
n'an męttèz vous vné an la pręmieré dé
amé, digné, themé, proemé? Lors Ian
Martin, Il né ſéroęt pas réſonnablé, dìt il:
car combien qué la lęttré denoté les ſillabés
longués, toutéffoęs ęllé n'i ęt pas ſeulémant
miſé pour cęla, męs auſſi par cé qué les moz
ou lon la męt deſçandęt des Latins, ou il i an
à. Męs an ceus ci qué vous auèz alleguèz, il n'i an à point.
Pourquoę donc, dìt Dauron, an męttèz vous
vué an proeſmé, diſmé, juſner, e auſſi an tra-

hiſtrę, qui vient dę traditor? Męs qui ęt bien
choſę plus abſurdę, pourquoę an męttèz vous
an eſlirę, eſmouuoèr, eſgliſę, eſgal, deſduirę,
deſſerę? la ou non ſeulęmant votrę Etimologię repugnę, męs auſſi la ſillabę ęt briëuę?
Car il mę ſamblę quę la briëuętę ſeulę ęt ſuffiſantę pour conueincrę la fautę qui ſę com-
mèt an tous téz moz : commę an deſplerę,
deſcouurir, deſmantir, chaſcun. Ici dìt Sauuagę, Il mę ſamblę, ſigneur Dauron, qu'an
beaucoup dę téz moz la lęttrę ſ nę ſę peùt
óter, pour deus ręſons : La pręmierę ęt qu'a
mon auis ęllę ęt priſę dę la ſillabę Latinę dis:
la ſędondę quę nous la męttons e prononçons
es moz compoſèz, quand la ſęcondę partię
commancę par voyęllę : cõmę deſapprandrę,
deſordrę, deſeſtimer. Partant ſi la Ręgula-
rite ſę doęt garder, la lęttrę nę ſę doęt óter
des vns plus quę des autręs. A quoę repondìt
Daurõ, Ię nę veulh point qu'an aucun androęt
vous eſtimèz mę pouuoèr deplacer dę ma rę
ſon generallę, qui ęt dę n'ecrirę point cę qui
nę ſę proferę point : e qu'an matierę d'Ecrit-

M iiij

turɇ il doɇuɇ auoɇr autrɇ regularite, quɇ la
prolation : Car il n'ɇt pas touſjours queſtion
dɇ garder les moz antiers an compoſition,
puis quɇ lɇ parler i contrɇdìt, nomplus quɇ les
Latins n'ont fɇt an la diction mɇmɇ dis quɇ
vous alleguèz, dɇ la quelɇ íz ont otè ſ, an
pluſieurs moz, commɇ an dirimo, diduco : e cɇ
pour euiter a la durte dɇ ſon : joint quɇ la ſillabɇ n'ɇt point ſinificatiuɇ hors compoſition.
E ſi vous mɇ dɇbatèz quɇ les Latins ont ù an
vſagɇ di e dis, jɇ nɇ m'an tourmantɇrè pas
beaucoup, combien quɇ jɇ croɇ lɇ contrerɇ:
mɇs pour lɇ moins, vous nɇ mɇ ſaurièz nier
quíz n'ɇt corrompù, ou pour dirɇ mieus de-
guiſè la prepoſition re, an redhibeo, redimo,
reddo : in an illuſtriſſ, immineo, irradio : con an
corrumpo, colloco, compono, Qui mɇ gardɇ-
ra donq' dɇ dirɇ quɇ votrɇ des Françoɇs doèt
óter ſ, quand lɇ ſɇcond mot de la compoſition
commãcɇ par conſonɇ? e qu'il ɇt antier quand
il commancɇ par voyɇllɇ? Mɇs j'è vnɇ autrɇ réſon a dirɇ : qui ɇt quɇ des n'ɇt pas la
vreyɇ diction compoſantɇ, mɇs quɇ c'ɇt dɇ:

Lęquel vient du Latin de . E qu'einſi ſoèt la
plus part de téz moz ſont formèz du Latin,
ou il à de commę dę derogare, deprimere, de-
mittere, ſont deſçandùz deroguer, deprimer,
e demęttrę: E toutęffoęs an tous ceus ci vous
męttèz ſ: qui ęt choſę aſſez ſuffiſantę pour
arguer l'impęrtinancę. Panſèz donq qu'au
pis aller, il faudroęt dę deus choſę l'ungę: ou
la męttrę par tout ou les ſillabęs ſont longuęs,
ou l'óter dę toutęs cęllęs ou ęllę ęt brieuę, cõ-
me ſupęrfluę: Or dę la męttrę an toutęs ſillabęs longuęs cę ſęroęt choſę męrueilheuſęmãt
etrangę, an téz moz qu'il i à, commę vous
auèz dìt meintęnant: e ancoręs plus ſi on la
mettoęt an la penultimę dę ces moz, aſſúrę,
allúrę, ſtíllę (commę vous męttèz an eſlę)
an haſlę, qui ſinifię l'aduſtion du ſoleilh (cõmę vous męttèz an maſlę): it am an bruſler, e
autręs ſans nombrę. Lors Sauuagę print la
parollę, Quę voudrièz vous donq, dìt il, quę
lon mìt au lieu dę la lęttrę ſ, pour tęnir la
ſillabę longuę? Il nę faudroèt, dìt Dauron,
quę mettrę vn acçant ſus la ſillabę commę ję

vous è defja dìt: Cɇ fɇroèt vnɇ grand' peinɇ,
dít Sauuagɇ dɇ mɇttrɇ tant d'acçans. Lors
dít Dauron, l'antans toufjours quɇ la prote-
ftation par moɇ fɇttɇ des lɇ commancɇmant
mɇ fɇruɇ, qui ɇt quɇ notrɇ languɇ foèt nom-
brɇɇ antrɇ cɇllɇs, qui font dínɇs d'ɇtrɇ poliɇs,
reglɇɇs, e cultiuɇɇs: e lors nous n'i trouuɇrons
les acçans etrangɇs, nomplus qu'an la Grec-
quɇ, n'i les poins an l'Hebraiquɇ. Combien
dɇ tans à lon etè auant qnɇ pouoèr fɇrɇ trouuer bonnɇs les Apoftrofɇs, lɇ ç a lzeuɇ, e
l'acçant agu (quoɇ qu'on abufɇ dɇ cɇtui ci) e
autrɇs notɇs dɇ notrɇ languɇ, a vn tas d'ignorans ou opiniatrɇs? Léquéz toutɇffoɇs ont etè
contreins d'an vfer, a la peinɇ d'ɇtrɇ appɇlèz
par leur nom: pour l'ufagɇ e commoditè qu'ɇllɇs apportɇt a l'Ecritturɇ. Nous nɇ pran-
drions dɇ long tans la peinɇ pour notrɇ bien,
quɇ prindrɇt les anciens pour lɇ leur: léquéz
aprɇs l'inuãtion des prɇmierɇs lɇttrɇs, i an a-
jouterɇt tant d'autrɇs. Cõmɇ quãd aprɇs les fɇ-
zɇ lettrɇs quɇ Cadmɇ, commɇ lon dìt, appor-
ta dɇ Phenicɇ an Grecɇ, Palamedɇ i ajouta

ces quatrę Θ, Ξ, Φ, X, déquelęs Aristotę at-
tribuę Θ e X a Epicarmę : e dępuis ancoręs
Simonidę quatrę autręs, Z, H, Ψ, Ω. Quant a
notrę Françoęs, la ou nous auons tant dę ſons
diuęrs d'auęc les languęs anciennęs, nous aurions bièn bęſoin dę lęttręs nouuęllęs e dę plus
d'unę ſortę : combien quę ję ſoę̀ bien dę ceus
qui les vondroę̀t ręcęuoèr ſ'ęllęs etoę̀t inuan-
teęs par vn autrę plus tót quę les inuanter.
Męs pour lę moins cę qui ęt trouuè, aions pęr-
miſſion dę l'appliquer a notrę profit, lę mieus
quę fęrę ſę pourra.   Or bien, dit Sauuagę, qu'ant a voz inuantions, ję m'an rapportę a cę qui an peùt auęnir.   Męs quę
repondèz vous a l'unę des ręſons dę monſieur Dębęzę ? qui ęt, quę quand nous proferons vnę oręſon continuę, nous nę ſonnons point les dęrnieręs lęttręs des moz, fors
les rr, dę ſortę qu'ęllęs n'i ſęruęt quę dę tęnir
les ſillabęs longuęs : Commę an diſant, nous
nous portons fort bien pour meintęnant : la ou
a votrę contę ęllęs ſę dęuroę̀t óter, puis qu'ęllęs nę ſę prononcęt point.   Non fęroę̀t poinc

dit Dauron : car combien qu'ęllęs nę ʃantan-
dęt commę point an prononçant les moz tout
d'un trein : toutęʃʃoęs par cę qu'il n'ęt pas de-
fandù dę ʃ'arręter a quelquę mot, e vù mémęs qu'on ʃ'i arrętę aʃʃez ʃouuãt, ęllęs j ʃer-
uęt pour ętrę prononcęs an tel cas, c'ęt adirę
quand on voudra dirę les moz diʃtinctęmãt
l'un apręs l'autrę.   Męs quant vous ecriuèz paiʃtrę par diftõguę ai, e ʃ : e puis chãpe-
ʃtrę par e ʃ an la penultimę, vous fęttęs troęs
ou quatrę fautęs : l'ungę ęt au pręmier mot, la
ou vous fęttęs valoèr la diftõguę ai cę qu'ęllę nę vaut pas : l'autrę quę vous abuʃèz dę la
lęttrę ʃ, an tous deus : la tiercę ęt quę vous
ʃonnèz deus diuerʃęs ecritturęs d'unę męmę
ʃortę : la quartę ęt au ʃęcond mot, la ou vous
fęttęs ʃonner l'e autręmant qu'il nę doèt, an
vęrtu d'unę ʃ ʃuiuantę : Męs commę nous a-
uons deʃja dìt, qui jamęs à vù quę la lęttrę dę
dauant dút ętrę gouuernę par cęllę d'apręs ?
E par cę quę ję nę veús point léʃʃer páʃʃer
a mon eßiant, aucun vicę d'Ecritturę, ʃans
an declerer la réʃon, ję dirè ici mon auis com-

mant cęla ſ'ęt fèt . Les Françoęs par vnę
manierę naturellę qu'iz auoęt dę prononcer,
commę il ęt a croęrę , ont pręmieręmant
deprauè lę nom des lęttręs an les nommant
a leur guiſę , ſauoèr ęt ſ, èſſę : r èrrę : l,
èllę , commançant lę nom par e cler e fi-
nìſſans par e ſourd : itam m , ammę : n , an-
nę : choſę , ſans pouoèr rien flater , qui ęt
fort barbarę : non quę ię veulhę dirę quę lę
nom dę cęs dęmyuoyęllęs , peùt étrę n'ùt vnę
manierę dę ſon , commançant par voyęllę.
Męs ceus qui antandęt quę c'ęt , ſauęt quę
lę nom dę telęs lęttręs n'ęt propręmant ex-
plicablę par autręs lęttręs : autręmant cę
ſęroèt expliquer l'inconnù par l'inconnù.
Et ſi cę n'etoèt pour les ſęrę rętęnir aus
pętiz anfans, a grand' peinę ſę nommęroęt
ęllęs: męs ſeulęmant ſę fùt on contantè d'anſeigner leur puiſſancę . Męs par cę quę l'e
nę ſonnę quę bien peu , des qu'on les veùt
nommer , lequel nę ſauroę' mieus figurer
quę par notrę e ſourd : les magiſtęrs dę villagę panſans ſęrę quelquę choſę dę nou -

ueau, pour randrȩ lȩ ſon plus antandi-
blȩ, aus anfans, an ont ſi bien abuſè, qu'iz
ont prononcè mȩ́mȩs an Latin terra par e
cler: e les auons ſuiuìz dȩ ſortȩ qu'a nous
ouir parler Latin il ſamblȩ quȩ terra ſoȩt
vȩ́nù dȩ terrȩ, e nompas au contrerȩ: Car
a prononcer naïuȩmant, l'e n'ȩ́t point autrȩ
mi nȩ ſonnȩ point autrȩmant an terra qu'il
fȩ́t an tero, e n'i à differancȩ quȩ dȩ deus rr
a vnȩ. E tandis quȩ jȩ ſuis ici, Iȩ dirè la
vȩ́ſon pourquoȩ nous prononçons autrȩmant,
ſciancȩ an Françoȩs quȩ ſcientia nȩ ſȩ prononcȩ an Latin: Les mȩ́trȩs d'Ecolȩ du tans
paſſè qui pour la plus part etoȩt prȩ́trȩs, diſoȩt omnam hominam veniantam in hunc mun-
dum: duquel vicȩ, notrȩ Francȩ a peinȩ ſȩ
pourra j'amȩs guerȩs bien purger: vù mȩ́-
mȩs quȩ ceus qui ont etè erudìz, cȩ ſamblȩ,
an bons lieus, ſont imbùz lȩ cettȩ odeur.
E par cȩ quȩ les prȩ́trȩs auoȩ́t tout lȩ credit lȩ tans paſſè (qu'on appeloȩt lȩ bon
tans) e qu'il n'i auoȩt qu'eus qui ſút quȩ
c'etoȩt quȩ dȩ Latin (commȩ la barbariȩ

epuis la literaturę rénęt par viciſſitudę an
tous païs du mondę) e quę tous les jeunęs anfans tant dę villę quę dę villagę, paſſoęt
par leurs meins, dieu ſèt commant iz e-
toęt inſtruiz. E cę pandant ces ſauans
montreurs, qui etoęt eſtimèz commę dieus,
an matierę dę ſciancę (car dę la vię, ęllę e-
toèt cę croę ję bien bonnę) donnoęt formę
a notrę languę, dę ſortę qu'aupręs du vulguerę, e męmęs aupręs des hommęs dę moyen
eſprit, commę il ęt a croęrę, iz parloęt
plus ſouuant leur Latin, qu'autrę langagę,
pour ſę ferę touſiours eſtimer cõmę borgnęs
an terrę d'aueuglęs : déquéz lę peuplę rętę-
noęt touſjours quelquę choſę du patoęs : au
moyen dę quoę, ceus qui ſauoęt quelquę choſę plus quę lirę e ecrirę, qui antandoęt dirę
vinum aus moins ignorans qu'eus, commance
ręt a dirę vin : dę panis, pain : dę homo, hom
mę, e tous autręs. E an oyant prononcer aus
plus habilęs ſciantia par a, iz n'uſſęt pù pãſer,
e quand bien iz l'uſſęt panſè, ancoręs n'uſſęt
iz oſé dirę quę telęs g'ans ſi hommęs dę bien

uſſ̨et pù falhir: parquo̧e lȩ vulguerȩ apprint
a dirȩ ſciancȩ, conſciancȩ, dilig’ancȩ. Vȩoy̧ȩ
dȩ ſortȩ qu’aujourdhui cȩ nous ȩt vn patron
qui nous dȩmeurȩra a jamȩs: e ſi nous profe-
rions ſciancȩ, diligencȩ par lȩ vrȩi e Latin,
nous nous fȩrions moquer. E combien qu’au
jourdhui la prolatiõ Latinȩ ſoȩt vn peu eclẹr-
ciȩ, s̓il au̧ȩnoȩt toutȩffoȩs quȩ nous prinſions
la liberte dȩ tirer quelquȩ mot nouueau du
Latin an cettȩ terminé ſon ou ſamblablȩ (cõ-
mȩ pour examplȩ, ſi nous diſions dȩ remini-
ſcentia, reminiſçancȩ) nous nȩ l’oſȩrions proferer autrȩmant quȩ par a. Autant ȩt il dȩ
Firmamentum, teſtamentum: déquéz nous diſons Firmamant, teſtamant. Dȩ mȩmȩ,
par cȩ quȩ du tans barbarȩ on pronon-
çoȩt michi, nichil au lieu dȩ mihi, nihil: la
ou iz falloȩt ſi doublȩmant, quȩ ſans la pö-
urȩte du tans qui lȩs ſauuoȩt, jȩ nȩ croȩ point
qu’iz n’an úſſȩt etè puniz an cȩ mondȩ ici ou
an l’autrȩ: nous an auons lȩ mot Françoȩs annichiler: au lieu duquel ſi nous vouliõs mein-
tȩnant dirȩ annihiler, dieu ſȩt commant on

criroét aprés nous, e non sans cauſé. E è
propos dé ceus du tans jadis, panſ èz qué les
bonnés g'ans etoét bien fins quand iz ab-
bregerét IESVS e CHRISTVS (léquéz jé doè nommer an touté reuerancé)
quand iz ecriuoét IH̄S. X̄PS. La réſon n'an ét pas faſcheuſé a ceus qui né l'ont
ouyé. Nous ſauons qué les Gréz ſont fort
hardiz e frequans an abbreuiations, dé ſorté qué quand iz vouloét abbreger IHΣOΣ
iz l'ecriuoét IH̄S: e XPIΣTOΣ, iz ecriuoét X̄PS: la ou noz bonnés g'ans du tans
paßè, qui panſoét qu'il n'i út autrés lettrés
an cé mondé qué Latinés, prénoét l'H capital
des Gréz, pour l'aſpiration latiné: e les X, e
Ρ des Gréz pour x e p Latins, e dé fét ecriuirét einſi les deus moz: la ou iz úſſét pù ancorés couurir leur fauté, ſ'iz úſſét leßè les
lettrés an leur caractere: més lé mal fùt
qu'iz ecriuirét an Latin īhs x̄ps euidammant l'un par lé caractere d'aſpiration latin, l'autré par lé p auſſi latin: e lé
méttoét einſi ſus les Sinéz e par tout.

N

Aprés auoèr vn peu ris dę la simplicite des bonnęs g'ans, le signeur Ian Martin dìt.

Puis quę vous confęßèz, signeur Dauron, quę sciancę, annichiler e autręs samblablęs, ont vn commancęmant improprę e mal fon-dè, e quę toutęffoęs il nę les faut point chan-ger, commę a la verite nę faut il, ję suis ebahì pourquoę plus tót vous voulèz corriger l'E-critturę, laquelę, ancoręs quę les trez an fúſ-ſęt mal commãcèz, toutęffoęs dęuroèt mein-tęnant auoèr autorite, ou jamęs : ni plus ni moins quę la prolation qui ęt aujourdhui ap-prouuęę dę tous hommęs : combien quę ſi ęllę et oèt meintęnant a dreſſer, on la fęroèt tout aútrę qu'ęllę n'ęt. Dę ma part ję trouuęrè fort etrangę quę vous veulhèz ecrirę sciancę par a : Car au patron dę cęlui la, il faudroèt ecrirę la prepoſition en, e ces moz temps, enuię, e les samblablęs, par a, chosę autant difficilę a ręcęuoèr qu'a changer la prola-tion. Nous auons vnę manierę dę deduirę les moz Françoęs du Latin, qui ęt dę tour-ner les voyęllęs e, i, an e : Commę dę la pre-

poſition Latine in, nous an féſons en par e: dę
inter nous an féſons entrę : dę inuidia, enuię:
dę tempus, temps: dę tendere, tendrę.
Signeur Ian Martin, dit Dauron, il i à bien
differancę de la prolation a l'Ecritturę. La
prolation conſiſtę an la languę dę tout vn
peuplę: antrę lęquel, non la plus ſeinę partię,
męs la plus grandę, dominę: Car les g'ans doctęs qui ſont an pętit nombrę, e lę plus ſouuant ſeparèz du vulguerę, pour leur etudęs
ou autręs affęręs ſerieus, nę ſauroęt fęrę a tout
leur bon ſans, quę la multitudę d'artiſans, dę
fammęs e d'anfans, qui ſont touſjours an placę, pour les męnuz e infiniz propos qu'iz
trettęt anſamblę, nę parlęt a leur modę.
Mémęs pour donner nęſſancę a vn langagę,
il faut par forcę leur an lęſſer fęrę: Car a la
verite, il nę pęùt chaloęr dę quel lieu ni an
quelę ſortę ſę produiſę vnę languę pouruù
qu'ęllę puiſſę dęuęnir aſſez abondantę pour
expliquer a ſon éſę cę qui tombę an la conception des hommęs. Vręi ęt quę quant a la
richęſſę, propriete e douſſeur, les pęrſonna-
N ij

 gǫs d'ęſprit qui vienǫt auęc lǫ tans, an pre-
nǫt la chargǫ, telǫmant quǫ lǫ populerǫ ęt
ebahi qu'il nǫ lui dǫmeurǫ quǫ la rudęſſę, e
quaſi la liǫ dǫ cǫ qu'il auǫ̀t amaſſè.
Toutęffoęs c'ęt forcǫ quǫ'lǫ caracterǫ dǫmeurǫ touſjours: Commǫ par example, quand
lǫ peuplǫ à etè inuanteur des infinitíz an er,
an ir, ou an oèr, les hommǫs dǫ jugǫmant ont
formè peu a peu des moz nouueaux: męs ç'à
etè ſus lǫ prǫmier patron: affin quǫ la mul-
titudǫ, nǫ ſ'appęrçút dǫ la nouueaute, e qu'ęllǫ nǫ ſ'eſtimát point ſurpriſǫ: léquéz moz
ſǫ coulǫt parmi les prǫmiers tout einſi qu'on
méllǫ lǫ fourmant auęc lǫ ſeglǫ, non ſeulǫ-
mant pour augmanter, męs auſſi pour amander lǫ monceau. Męs c'ęt autrǫ choſǫ dǫ
l'Ecritturǫ: laquelǫ n'etant pas ſi communǫ
de beaucoup, par cǫ quǫ les troęs pars dǫ ceus
qui parlent, a peinǫ ſauǫt ecrirǫ, antrǫ léquéz les ignoraus ſǫ peuuǫt ęſémant diſcęr-
ner: e einſi les plus ſauans an peuuǫt e doęuǫt gagner. E ſ'il i à quelquǫ choſǫ a reformer, c'ęt a eus a lǫ ferǫ, an ſǫ tęnant aſſúrez

qu'an vſant dę diſcretion, e qu'ętant la réſon d'auęq eus, iz ſę fęront auouer non ſeulęmant des g'ans ſauans commę eus, męs auſſi
tout pręmieręmant dę ceus qui ſont deſtinèz
a l'etudę, e qui ſ'addonnęront a cę qui aura
etè mis an auant par ceus qui ſi connoęſſęt:
puis ceus qui ſont quelquę peu incredulęs, toutęffoęs qui nę ſont pās indocilęs, ſęront con-
ueincùz par euidancęs dę réſons. E voila
commant l'Ecritturę à lę moyen dę ſę changer, quę n'ont pas les moz: léquéz ſinifięt
pour lę pleſir des inuanteurs: l'Ecritturę
pour l'obeiſſancę qu'ęllę doęt aus moz e a la
prononciation. Quand vous ecriuèz em-
bęllir, abſencę, orient; l'e quę vous i męttèz
ſonnę tout einſi qu'an ambaſſadeur, puiſſancę, riant. Et nę ſi fęt aucunę differancę
par ceus qui prononcęt bien. Vręi ęt qu'an
Normandię, e ancoręs an Brętagnę, an An-
g'ou, e an votrę Meinę, ſigneur Pęlętier,
dit il an ſę tournant vęrs moę, iz prononcęt l'a dauant n vn peu bien groſſęmant, e
quaſi commę ſ'il i auoęt aun par diftonguę:

N iĳ

quand iz diſ̨t Normaund, Naunt̨s, Aun-
gers, l̨ Mauns: grand cher̨ : e les autr̨s:
M̨s tel̨ manier̨ d̨ prononcer ſant ſon t̨r-
ro̧ d'un̨ lieų̈ .   Dauantag̨ la coutum̨
qų vous ditt̨s, qui ̨t d̨ conųrtir in e en
Latins, an en Franço̧s, n'̨t pas aſſez con-
ſtant̨ pour an vouloèr f̨r̨ regl̨ .   Vou̧
ſauèz qų tout l̨ mond̨ ecrìt ſans, langų,
par a, qui vien̨t d̨ fine e lingua. Itam la
plus part des particip̨s an ens Latin ſ̨ m̨t-
t̨t an ant Franço̧s, comm̨ d̨ tenens, ve-
niens, audiens, ſ̨ font t̨nant, v̨nant, oyant.
Tout̨ffo̧s pour confeſſer verite, an tout̨s
tel̨s diċtions, l̨ ſon n̨t plein̨mant e ni a
(antr̨ léquéz j à diųrs ſons, comm̨ diųr-
ſ̨s miſtions d̨ deus couleurs ſ̨lon l̨ plus ̨
l̨ moins d̨ chacun̨) tout̨ffo̧s l̨ ſon par-
ticip̨ plus d'a qų d'e.

E par c̨ qų bonn̨mant il i faudro̧t vn̨
nouųll̨ l̨ttr̨ c̨ qų j̨ n'introduì pas bieu
hardimant, comm̨ j'è ja dìt quelqųs fo̧s,
pour l̨ moins an attandant, il m̨ ſambl̨
meilheur d'i m̨ttr̨ vn a. E ſans doutt̨ il

i à plus grãdɇ diſtinctiõ an l'Italien, e mɇ́mɇs
an notrɇ Prouuãçal an pronõçant la voyɇllɇ e
auant n:Car euſe nous laɇ pronõçons clerɇmãt:
Çommɇ au lieu quɇ vous dittɇs ſantir e man-
tir plus dɇuɇrſ l'a, nous prononçons ſɇntir e
mɇntir plus dɇuɇrſ l'e: e ſi font quaſi toutɇs
autrɇs nations fors les Françoɇs, dont nous
randions naguerɇs la rɇ́ſon. E les Eſpagnóz,
auſſi i ſont ſinguliers: commɇ quand iz ecriuɇt hɇmbrɇ pour fammɇ, e hambrɇ pour fein:
íz prononcɇt l'a e l'e antandiblɇmant an
chacun. Rɇtournant dɇ là ou jɇ ſuis partì, jɇ
dì quant a la ſuperfluite, quɇ ſi vnɇ lɇttrɇ an
quelquɇ mot nɇ ſɇ prononcɇ point, ɇllɇ n'i
à nullɇ puiſſancɇ, e n'i aiant puiſſancɇ, ɇllɇ n'i
doɇt auoɇr placɇ. Lors dít Sauuagɇ, E quand
vous la prononcɇ̀z, donq pourquɇ̀ nɇ la i mɇt-
tɇ̀z vous? Cõmɇ aus moz quɇ vous diſoɇ̀t hier
monſieur Dɇbɇzɇ, ira il? vous ſamblɇ il?
i voudriez vous mɇttrɇ vn t antrɇ deus? e
dirɇ, ira ti? vous ſamblɇ ti? einſi qu'on lɇ
prononcɇ? Car il mɇ ſamblɇ comme a vous
mɇ́mɇ, qu'il n'i à nomplus d'apparancɇ an cas
N iiij

d'addition que de diminution. Je confesse,
dit Dauron, qu'il seroèt dur de les ecrire einsi qu'iz se prononcet vulgueremant : Mes
vous sauèz qu'il n'et pas defandu de dire,
ira il ? e que ceus qui le diront on ne les sauroèt justemant reprandre : comme vous trouuèz es pöetes assez souuant vous sambl'il ?
e non point vous sambl til ? Si et ce pourtant
que l'Ecritture à vsurpè cet homme, cet euure, au lieu de ce homme, ce euure : e touteffoes la réson et pareilhe comme de vous
samble ti ? ira ti ? qui et a cause de la concur-
rance des deus voielles : la ou les ecriueins
commettet erreur insine, i ajoutans s, e ecriuans cest homme, cest euure, cest honneur:
e croè qu'iz ont etè si soz an cuidant fere vn
grand tour de suttilitè, de panser que le pro-
nom, vint du Latin iste : E de la et tombè
vn autre erreur an la tète de ceus qui se
font auisez d'ecrire, ste famme, ste cause,
au lieu de cette famme, cette cause : e dieu
sèt commant iz ne si montret pas bètes.
Quant et de ce que disoèt hier le signeur De-

beze, que quand vne Ecritture et bien let-
tree, elle an à plus de lustre, de grace e de
splandeur, je suis d'opinion qu'une chose dont
on abuse, ne sauroèt apporter lumiere ni di-
mite la ou on la mèt. E par ce que je n'è ancores satiffèt a l'interet que peuuet auoèr les
etrangers an la reformation de notre Ecritture, voici le lieu d'an dire vn mot. Iz sau-
roè' volontiers quand iz auront etè vn espa-
ce de tans assez notable, pour auoèr connù
que c'èt de notre prolation, e quand iz viendront a lire de dans noz liures, escripre, so-
lempnel, aultre, debuoir, receuoir, poinct,
loingtain, siz ne cõnoètront pas a l'eulh notre impropriete: e siz ne diront pas que nous
fésons tort non seulemant a notre prononciation, mes aussi que nous falhons es premiers
elemans, an les appliquant la ou iz ne seruet
de rien? comme quand nous ecriuõs donnent,
vienèt, parlent, par n, au lieu de dõnet, vienèt, parlet . n'auront iz pas occasiom de dire
que notre langue èt vn cors mal vetù, ou plus
tòt trop vetù? Mes voèrmant, dit Sauuae,

par quelę réſon nous pourrièz vous induirę à
l'ôter? Męs commant vous pouèz vous induirę a la i męttrę, dìt Dauron.   Quelę differancę i à il. antrę les perſonnęs ſęcondęs
ſingulieręs, tu donnęs, tu emęs, tu ecoutęs, e
les tiercęs perſonnęs plurieręs, iz donnęt, iz
emęt, iz ecoutęt, ſinon des lęttręs ſ, e t? Ię
confęſſę bien quę la lęttrę n, autręffoęs peùt
ętrę i à etè bonnę e neceſſerę, par cę quę cõmę
j'è dìt, on à einſi pronõcè iz allant, iz vęnant
cõmę męmęs les bõnęs g'ãs du Meinę e dę Poę-
tou pronõcęt ancoręs aujourdhui, e ęt cęrtein
par les ecriz des vieus rimeurs Frãçoęs qu'iz
diſoęt, iz̄ alloyęt, iz fęſoyęt dę troęs ſyllabęs. Lors dit Ian Martin, Ię croęroę mieus
quę cę fút pour vnę autrę réſon, qui ęt qu'an
toutęs telęs perſonnęs plurieręs Latinęs dont
vienęt les Frãçoęſęs, il i a vn n, e qu'a la ſam
blancę d'icęllęs noz anciens l'ont retęnuę an
l'Ecritturę. Męs plus tót an la prolation dìt
Dauron, e puis a pręs an l'Ecritturę: car
nous voyons quę tous Verbęs nę vienęt pas
du Latin, e ęt cęrtein quę les Françoęs

auoét des Verbés an leur langué, auparuant
qu'iz úṡét connoeṡṡancé du Latin. Oui bien
dìt Ian Martin: mes parauanturé leurs Verbés n'etoét pas dé telé teminéṡon commé íz
ṡont aujourdhui, auant qu'iz úṡṡét pris couleur du Latin. Ié né mé traualhéré pas beaucoup, dit Dauron; a chẹrcher quelé cadancé
auoét les moz du tans paṡṡè : mẹs il mé ṡuffit
dé pouoèr alleguér réṡon vreiṡamblablé, pour
laquelé la lẹttré n i a etè miṡé qui ét la prolation : laquelé ceṡṡanté, doèt auṡṡi étré effaceé
la lẹttré . Il i à outré ceus ci, meins autrés
moz, la ou la ṡuperfluite ét ancorés plus de-
reṡonnablé: comme quant vous amaṡṡèz tant
dé conṡonantés : e panṡèz qu'il vous fẹt beau
voèr ecriré cé mot plurier eṡcriptz, qui ét
prononcè ecriz? Itam contractz, con-
treinctz qui ṡé prononcét contraz, cõtreins?
E ṡi vous les proferièz commé vous les ecriuèz, il ṡambléroèt quelqué haut Allemant.
Sommé vous auèz vné reglé generallé dé
prolation, qué jamẹs les nons pluriers Françoẹs n'admẹttét ṡon d'autré conṡoné aueq ṡ,

ſi cɇ n'ɇt r ou n:commɇ douleurs, talons: e ancorɇs an ceus qui ont n, ɇt ellɇ peu antãduɇ cõmɇ lons, trons , e an ceus qui ont r , la lɇttrɇ ſ
i ɇt peu antanduɇ: commɇ cors, fors: tant ſ'an
faut quɇ g, c, p, t, j ſoɇt antandùz . Brief
toutɇs conſonantɇs finallɇs des nons ſinguliers
ſɇ pɇrdɇt au plurier , fors n, e r: e ſɇ conuɛr-
tiſßɇt an ſ ou an z : commɇ dɇ aſpic , aſpìz,
dɇ ecrit , ecriz : temoins les pöetɇs qui rimɇt
cɇ quɇ vous ecriuèz longs par g, ſus talons:
aſpics ſus pis: ecriptz ſus cris e tous les ſamblablɇs. E ſi nous i panſions bien nous nous
dɇùrions accoutumer a les ecrirɇ par ſimplɇ ſ
tout einſi quɇ nous ecriuons ces moz tous,
grans, ſans t, e d: itam tous les nons pluriers
des participɇs, cõmɇ, allans, vɇnans, e nompas allantz, vɇnantz : e quant a ceus qui diſɇt qu'on prononcɇ draps, cocs, longs, iz nɇ
lɇ diroɇt pas ſ'iz auoɇt bien ecoutè les Françoɇs parler, quand iz diſɇt, les cós chantɇt:
les drás ſont blans , lons e largɇs .
Nɇ panſons donq point fɇrɇ dɇ tort aus etrangers an ótant toutɇs telɇs ſupɛrfluitez: mɇs

plus tôt gardons nous dȩ leur fȩrȩ tort, qu'a-
prȩs leur auòȩr appris a parler, nous leurs veu
lhons fȩrȩ a croȩrȩ qu'iz nȩ sauȩt pas lirȩ. Il
restȩ meintȩnant a parler dȩ la lȩttrȩ couran
tȩ des Françoȩs, laquelȩ, einsi quȩ disòȩt Dȩbȩz ȩ nȩ fȩt point dȩ distinction antrȩ la con-
sonantȩ n e la voyellȩ u: cȩ qui ȩt einsi : dont
jȩ randrè ici la causȩ, telȩ, quȩ chacun la cõ-
noȩtra vrȩyȩ.   Les Françoȩs ont etè touſjours reputèz grãs manieurs d'affȩrȩs, g'ans
ouuȩrs, compagnablȩs, e ſil ſȩ pèut dirȩ einſi
legaus.   E par cȩ moyen iz ont eſſayè a la
longuȩ, quȩ la communication d'affȩrȩs ou-
urȩ les eſpriz, e balhȩ auȩrtiſſȩmant a chacun dȩ ſȩ donner gardȩ, e dȩ ſefforcer dȩ fȩrȩ
ſa condition meilheurȩ quȩ cȩllȩ dȩ ſon com-
pagnon. Car quand iz ſȩ ſont vùz par pluſieurs e diuȩrſȩs foȩs trompèz a la bonnȩ foȩ,
commȩ an marchez, an promȩſſȩs, an van-
ditions, an heritagȩs : brief an tant dȩ ſortȩs
dȩ conuantions, iz ont etè contreins dȩ reduirȩ par ecrit tous les appointȩmãs qu'iz auoȩt
les vns auȩq les autrȩs : telȩmant quȩ l'Ecrit-

turç ęt dçuçnuç fort cõmunç, e coutumierç: e
mémçs les g'antizhommçs ont appris a ecrirç
chofç.qu'au cõmãcçmant iz estimoęt fort con
trç leur etat e dinirç. E ici fuis contant dç dirç, par manierç d'ãtrçdeus, cç qu'on dìt pourquoę les g'antizhommçs ecriuçt aujourdhui
leur nom fi malçfè a lirç. C'ęt quç du tans
qu'iz n'auoęt ancorçs accoûtumè dç męttrç
la mein a la plumç, e qu'iz fç fioęt an leurs
fecreterçs e antrçmetteurs, dç tous leurs af-
ferçs (commç a la verite la façon dç fçrç
fant fa preudhommiç e g'antilleffç)iz nç vou
loęt, e n'auoęt afferç dç fauoèr ecrirç, finon
quç leur nom a la lzeuç dç leurslęttrçs, pour
plus grand foę e temoignagç du contçnu: dç
fortç quç n'ecriuant autrç chofç, e fç contan-
tans dç bien manier les armçs fans manier la
plumç, il leur etoęt malçfè d'ecrirç lifiblç-
mant męmçs leur nomproprç. Dçpuis, leurs
fncceffeurs ayans, peùt ętrç, afferç, a plus fi-
nçs g'ans quç n'auoęt ù leurs perçs, apprin-
dręt a ecrirç, e mémçs quelquç peu dç litçra-
turç; laquelç dç mein an mein fęt dç plus fi

bien augmanteʒ (la graçʒ a dieu e autrescre-
tien Roy Françoʒs) quʒ dʒ notrʒ tans sʒ trou-
uʒt des g'antizhommʒs qui font jʒ nʒ dì pas
hontʒ, mʒs ebahiʃʒmant aus g'ans dʒ robʒ
longuʒ les plus lʒttreʒ.   Toutʒffoʒs pour la
reuerancʒ qu'iz portoʒt a leurs perʒs, e pour
l'anuiʒ qu'iz auoʒt dʒ leur rʒʃʃambler nõ seu-
lʒmant an fʒz d'armʒs e actʒs dʒ noblʒʃʒ,
mʒs ancorʒs an toutʒs autrʒs choʃʒs indiffe-
rantʒs, combien qu'iz úʃʒt appris a ecrire, e
qu'iz úʃʒt bien mieus ecrìt quʒ leurs perʒs
ſíz vʃʒt voulù, toutʒffoʒs iz ſ'efforçoʒt dʒ
peindrʒ e dʒ ſiner tout einſi qu'eus : ſʒ propo-
ſans dʒ dʒuoʒr ʒ́trʒ leurs heritiers, du nom,
dʒ la vʒrtu, dʒ la ſigneuriʒ, dʒ l'Ecritturʒ
e dʒ tout.   A propos l'Ecritturʒ ſʒ repan-
dìt dʒ telʒ ſortʒ parmi les Françoʒs, e fút ſi
bien excʒrceʒ dʒ toutʒs manierʒs dʒ g'ans,
qu'an nullʒ autrʒ nation ʒllʒ nʒ fùt onquʒs ſi
ordinerʒ, a cauſʒ qu'iz an ont ù, cʒ leur à
ſamblè, plus d'afferʒ e dʒ neceʃsite quʒ tous
les peuplʒs du mondʒ. E ſi l'Ecritturʒ ſʒ́t
einſi multiplieʒ a réſon dʒ l'abondancʒ des

procęs ou les procęs a réſon dę tant d'ecritturęs, cę n'ęt ici lę lieu dę lę dirę. Męs quoę
quę ſoęt, ceus qui ſuiuęt lę palęs, ſauęt ecrirę
plus legeręmant, e ſi j'oſoę' dirę, plus pratti-
quęmant, quę les autręs. E leur ęt bien
metier, vù la grand' préſſę qu'iz ont, pour
ſatiffęrę a tant dę pledeurs. Puis la lucra-
tiuę qui an vient, leur à aſſouplì la mein, dę
telę façon quę les Françoęs amportęront touſjours lę pris par ſus toutęs nations du mondę
ſil ęt queſtion dę vitęſſę dę mein. Męs
voici le point, qu'iz ecriuęt ſi legeręmant
qu'a grand' peinę ont iz loèſir dę diſtinguer
vn o d'auęq vn r, tant ſ'an faut qu'iz facęt
diſcretion d'un n d'auęq vn u. Or ęt il qu'eus
voyans quę la ſoudeinęte dę leur mein, etoęt
cauſę qu'on pręnoęt ſouuant lęttręs pour lęttręs, iz i an ont affęttè e antręmęllè d'autręs,
pour obuier a l'inconueniant: Commę an quelquęs moz, qu'à alleguèz monſieur Dębęzę,
iz ont mis ou l, ou b, ou d, einſi quę lę cas
lę ręquęroęt: Commę dę peur qu'on lút pènt
par n an lieu dę peùt par u, iz ont mis l ăntrę-

deus ecriuans peult: e dieu ſèt commant ęllę
i ęt a propos.   Dę peur qu'on lút dens pour
deus, iz ſę ſont auiſèz d'i męttrę x an lieu dę
ſ, ſę panſans commę g'ans bien preuoyans,
quę jamęs on nę liroęt denx par nx a la fin.
Autant ęt il dę çant mil autręs : Commę
dę peur quę la multitudę dę piez n'ampeſ-
chát la lecturę dę leur lęttrę, iz ont mis forcę y gréz : antrę léquéz ęt annuy, conuy,
amy, dęmy : la ou la barbarię dę notrę manierę d'ecrirę ęt manifeſtęmant decouuęrtę:
car outrę cę quę l'Ltimologię, dę laquelę
vous autręs fęttęs tant dę cas, j ęt offanceę,
ancoręs j à il dę l'irregularite la plus grandę
du mondę : cōmę quand vous ecriuèz conuy
par y greq: e conuier par i latin: Vous ecriuèz ję vous pry par y greq (car on à antrę-
pris dę fęrę vnę reglę dę męttrę y greq a la
fin de tous moz an j) e ecriuèz prier par i
latin. Ię nę dì rien ici dę la vręię prolatoin
dę l'y greq : car puis qu'on l'à deſja vſurpè
pour i, par tant dę païs, il nę mę chaud dę lę
ręprandrę : Męs pour lę moins gardons quel-
O

quȩ formȩ d'ecrirȩ: fȩſons quȩ notrȩ Ecritturȩ nȩ ſȩ demantȩ point ſi lourdȩmant: n'a-
buſons point dȩ noſtrȩ prȩmierȩ abuſion.
Panſèz auſſi quelȩ apparancȩ il j à, quȩ
nous ecriuons gracieux par x, (outrȩ cȩ quȩ
la prolation j repugnȩ), e lȩ feminin gra-
cieuſȩ par ſ. Iȩ confȩſſȩ bien quȩ nous ecriuons vif, naif, par f, e qu'il nous ſȩroèt dur
dȩ les ecrirȩ par v conſonȩ, quoȩ quȩ les feminins la pregnȩt. Mȩs jȩ confȩſſȩ auſſi quȩ
nous j ſommȩs contreins, n'aians point d'autrȩ
moyen qui nous puiſſȩ ſȩruir: e confȩſſȩ tier-
ȩȩmant qu'il n'ȩt poſſiblȩ dȩ tout regler. Mȩs
pour lȩ moins, reglons cȩ quȩ nous pourrons.
Otons lȩ gouuȩrnȩmant dȩ notrȩ Ecritturȩ,
dȩ la mein des g'ans mecaniquȩs e barbarȩs:
otons an lȩ manimant a la multitudȩ: otons
an la domination a ceus du Palȩs: e les lȩſſons
ecrirȩ a leur modȩ, puis qu'il nȩ leur chaud
d'autrȩ choſȩ quȩ d'an tirer prattiquȩ, laquelȩ iz pourroȩt pȩrdrȩ ſ'iz ecriuoȩt autrȩmant qu'iz n'ont accoutumè: vù mȩmȩs quȩ
pour cȩla ſeulȩmant iz ont nommè leur me-

tier, prattiquę, par mot ſpecial . Qu'auons
nous afferę, ſíz fermęt mal vn n ou vn u?
Quę nous chaud il dę leur víteſſę? Léſſons la
trouuer bonnę a leurs cliaus e aus pouręs pro-
cedeurs. Léſſons leur alloger les ſſ tant qu'iz
voudront . Andurons qu'iz ecriuęt tót cę
qui doèt tót mourir:ou pour lę moins qu'il n'i à
forcę an quéz termęs il ſoèt couchè pouruù
qu'il ſoèt ſęlon lę ſtilę dę procęs. Męs quant
a nous, pręnons anuię d'ecrirę doctęmant,
propręmant, e ſinificatiuęmant cę quę nous
dęſirons qui ſoèt vù, e qui dęmeurę. Ad-
donnons nous a examiner e ręçuoèr les ręſons
qui doęuęt tomber an l'eſprit dę g'ans dę lettrę: pręnons vn ſtilę d'ecrirę, autrę quę lę
vulguerę : nompas quę nous panſons qu'il lę
falhę changer pour cettę ſeulę cauſę qu'il ęt
vulguerę, męs par cę qu'il ęt dereſonnablę.
Car quant a cę quę lę ſigneur Dębeſſę ſę veùt
tant regler ſus les g'ans doctęs, qui toleręt
notrę Ecritturę telę qu'ellę ęt, plút a dieu quę
les g'ans doctes n'úſſęt point etè nonchalans
plus tót quę tolerans : Plút a dieu quiz n'úſ-

O ij

ſ̨et point tant creint d'i p̨erdr̨e leur pein̨e, e
qu'iz̨ úſſ̨et etè ʋn peu plus hardiz̨ a dir̨e c̨e
qu'il leur an út bien ſamblè. Il n'i à pas ʋn
homm̨e doĉt̨e, quand il prononc̨e l̨e latin ou
l̨e Greq, qui n̨e ſ'eſtim̨e bien prononc̨er, e
qųe la puiſſanc̨e des l̨ettr̨es n̨e ſo̧èt tel̨e : e qųe
ſ'on diſo̧èt autr̨emant, c̨e ſ̨ero̧èt trop hardimant d̨euinè, M̨es c'̨et par c̨e qųe nous n'auõs
aujourdhui homm̨e, qui prononc̨e latin ſi non
c̨e qųe les liur̨es lui anſcign̨et. E meint̨enant
qųe nous auons lǫeſir, pourquǫe n̨e balhons
nous la form̨e, l̨e caraĉter̨e : e l'etat a notr̨e
Françǫ̋es, qu'il do̧èt t̨enir p̨erpetųell̨emant.
N̨e ſouffrons point qųe d'ici a mil ans e plus
(car nous ʋiſons ou d̨euons ʋiſer a la randr̨e
durabl̨e l̨e plus qųe nous pourrons) on abbá-
tardiſſ̨e notr̨e prolation, quand l̨e ʋulguer̨e
ſ̨era falhì, e qu'on lui donn̨e ʋn faus ʋiſag̨e.
Dõnons lui tel habit qu'on n̨e la puiſſ̨e jam̨es
deguiſer. E ancor' poſè l̨e cas qųe les langųes
ancienn̨es cõm̨e la Greqųe e la Latin̨e, ſ'ecri-
uiſſ̨et autr̨emãt qųe'll̨es n̨e ſ̨e prononço̧èt c'̨et
tout ʋn: n̨e ſoions point imitateurs egal̨emant

des vicǫs c des vertuz : ſeruons nous du bien-
fęt, e nous chátiõs par les fautǫs: e mõtrons quǫ
pourneant ſǫrions nous dǫpuis noz predeceſſeurs, ſi nous nǫ voulions fęrǫ mieus qu'eus an-
cǫ principalǫmant on nous les connoęſſons dǫ-
falhans. Dauantagǫ, quǫ ſauons nous ſíz
ont ù lǫ moyen dǫ regler leur Ecritturǫ tel
quǫ nous auons dǫ regler la notrǫ? Prǫmiérǫ-
mant íz n'auoęt quǫ les Gréz aúquéz íz ſǫ
púſſęt conformer : Car quaut aus etrangers
qui etoęt tous peuplǫs obſcurs, íz n'úſſęt pas
voulù leur fęrǫ tant d'honneur quǫ dǫ confe-
rer leur languǫ e leur Ecritturǫ auęq eus.
Męs nous qui auons connoęſſancǫ dǫ la lite-
raturǫ Grequǫ e Latine commǫ íz auoęt, e
ancorǫs par dǫſſus cǫla, des languǫs Italien-
nǫ e Eſpagnollǫ: e qui n'ęt pas a contaminer,
dǫ l'Allǫmandǫ, e Angloęſǫ: auęq léquelǫs
nous pouons fęrǫ comparęſons dǫ prolation e
d'ecritturǫ: e par cǫ moyen randrǫ notrǫ viuǫ
voęs plus expréſſǫ e plus antandiblǫ, pourquoę nǫ nous mettrons nous an dǫuoèr dǫ lǫ
fęrǫ? Dǫuons nous deſeſperer de fęrǫ de notrǫ

O iij

langu∉ an cett∉ parti∉, c∉ qu'iz n'ont pù fer∉
d∉ la leur, e qu'iz ùß∉t tout∉ffo∉s bien volontiers f∉t? einfi qu'on dìt d∉ Ciceron qui l∉ voulùt antr∉ prãdr∉. E fi nous auons l∉ lz eur ma-
gnanim∉, nous d∉uons pãfer qu'il f∉ faut atta-
cher aus chof∉s difficil∉s, e ancor∉s qu'il f∉
faut patroñer toufjours fus les plus grans d∉
plus pr∉s qu∉ lon peùt. E fi nous auõs l∉ lz eur
la, pourquo∉ n∉ nous accõmod∉rons nous a la
façon d'un tel perfonnag∉ qu'Auguft∉ Ce-
far: l∉quel cõm∉ difo∉t hier D∉b∉z∉, n∉ t∉no∉t
cont∉ d'ecrir∉ f∉lon l∉ vulguer∉, m∉s einfi
qu'on prononço∉t. N∉ d∉üons nous pas pran-
dr∉ a grand honneur d'ìmiter vn homm∉, d∉
fi grãd∉ autorite, jug∉mant e fauo∉r? E anco-
r∉s qui do∉t fus tout∉s chof∉s trouuer credit
anu∉rs nous, n∉ d∉üons nous pas auo∉r egard
a la réfon? an confiderant qu∉ tànt moins les
chof∉s font fup∉rflue∉s e plus ∉ll∉s font dín∉s,
plus ∉ll∉s font n∉tt∉s e plus ∉ll∉s font parf∉tt∉s,
plus ∉ll∉s font propr∉s e plus ∉ll∉s font exqui-
f∉s.   Voila, M∉ßieurs, c∉ qu∉ j'auo∉∉ a di-
r∉ d∉ notr∉ Ecrittur∉, d∉ laquel∉ il m∉ fam-

blę auoèr parlè aſſez, e peùt ętrę, trop am-
plęmant : Car ſi nous etions téz que nous dęuons ętrę, c'ęt a dirę que nous nous vouluſ-
ſions ranger a cę que la réſon nous apportę, e
repudier cę qui ęt, ſans reglę e fondęmant,
nous n'aurions aucun bęſoin d'addreſſę, fors
dę notrę proprę jugęmant. E ſi nous voulons
óter cettę follę perſuaſion que nous auons, que
l'antiquite n'a pù errer, je mę tien aſſurè que
les plus fęrmęs ſę cöuęrtiront. Lors dit Ian
Martin, Nous j pai ſęrös: e vous pri', möſieur
Daurö, e vous monſieur Pęlętier, de nę vous
faſcher ſi nous pręnons tęrmę pour an delibe-
rer: car la matierę lę vaut. Il nę m'an faſchę-
ra point quant a ma part, di ję allors: ancoręs
nous ęt cę beaucoup dę cę qu'il vous plęt nous
donner qnelquę parollę d'attantę. E ſus cę
point, nous nous lęuámęs: E par cę qu'il etoęt
dęſja tard, lę ſigneur Dauron apręs ſ'ętrę vn
peu rafreſchì dę la diſputę, print congę dę la
compagnię: Auquel ję dí, Signeur Dauron,
mę tien fort cötant du dęuoèr que vous auèz
fęt an pledant notrę cauſę: e connoę' bien

qu'il nę m'etoèt point metier dę vous sęcon
der:męs ſi n'aurèz vous, pour lę preſãt autrę
ſalerę qu'un grand męrci: E cę diſant ję ſorti auęcquęs lui pour lę conuoyer juſquęs an
ſon logis.

Fin dę l'Ortografę e Prononciation
Françoęſę: par Iacquęs Pęle-
tier du Mans.